Herbert
Blomstedt
Mission Musik

ヘルベルト・ブロムシュテット自伝

音楽こそわが天命

ヘルベルト・ブロムシュテット［著］ Herbert Blomstedt
ユリア・スピノーラ［聞き手］ Julia Spinola
力武京子［訳］ Kyoko Rikitake
樋口隆一［日本語版監修］ Ryuichi Higuchi

ARTES

日本の読者のみなさんへ

この本で私たちは音楽の使命について語りました。

音楽の使命とは作曲家が新しい作品を作るにあたって、ときには陶酔を経験しながら、またときには汗と涙にまみれながら得る喜びから始まります。そしてその次に、音楽家が作品を演奏するとき、そこに隠された秘密を発見し、みずからに課された挑戦にこたえる喜びがおとずれます。しかし、聴く人たちの耳と心に作品を届けて喜びを分かちあうことができなければ、作曲家や演奏家は使命をまっとうしたとはいえません。

私は日本のみなさんが音楽にたいして理解と熱意をもっておられることを、とても尊敬し、たいせつに考えています。そのことが私に新たなひらめきをあたえ、いつもの何倍も努力をそそぐ原動力となるのです。この本が読者のみなさんにとって、音楽のもつ無限のめぐみと深さを理解する一助となったなら、私と共著者のユリア・スピノーラはこの本を書いた目的に一歩近づいたといえるでしょう。

どうぞ楽しんでお読みください。

2018年4月16日　東京にて

ヘルベルト・ブロムシュテット

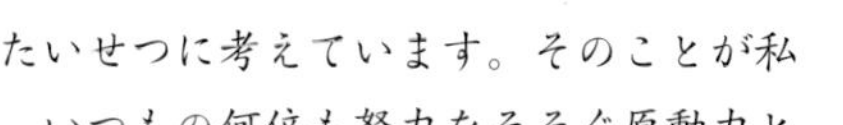

まえがき

二〇一六年二月、私はベルリンで、ヘルベルト・ブロムシュテットがベルリン・フィルを指揮する演奏会を聴いたが、その演奏に魅了され、熱狂的な批評を書くことになった。

プログラムはアントニン・ドヴォルジャークの交響曲第七番と、もう一曲、それまで聴いたことのなかったスウェーデンの作曲家フランツ・ベルワルドの《サンフォニー・サンギュリエール（風変わりな交響曲）》だった。ベルワルドは、ローベルト・シューマンとフェリックス・メンデルスゾーン・バルトルディの同時代人だが、当時は正当に評価されていなかった作曲家である。私はヘルベルト・ブロムシュテットを、ライプツィヒ・ゲヴァントハウス管弦楽団のカペルマイスター（首席指揮者）だった一九九八年から定期的に聴いており、彼の世代のもっとも重要な指揮者のひとりとして、またニュアンスに富んだ音楽表現の巨匠として高く評価していた。しかしそのベルリンでの演奏会は、色とりどりの花が咲き誇るようなドヴォルジャークの交響曲と、オーラを放つ稲光を見るかのような、唯一無二のベルワルトの音響世界によって特別な魔力を繰りひろげるもので、私に本書を編みたいという衝動をあたえてくれたのであった。

本書は私がヘルベルト・ブロムシュテットとさまざまな場所で交わしたかずかずの会話から生まれ

たものである。私は彼が仕事の拠点としているさまざまな場で、またきわめて多様な状況下で観察することができるように、半年にわたってこの多忙な指揮者のびっしりとつまった予定や旅程に都合をあわせた。こうして私は、ヘルベルト・ブロムシュテットの人生と、芸術家としてのキャリアにとって重要な意味をもつ場所へと旅することになったのである。

コペンハーゲンは、初期のノーシェピン交響楽団、オスロ・フィルハーモニー管弦楽団に続いて、若い首席指揮者ブロムシュテットが世界的キャリアにいたる三番目の拠点であった。コペンハーゲンでは、一九六七年から七七年までデンマーク放送交響楽団を指揮していたのである。二〇一六年四月、彼はこの地でレオニー・ソニング音楽賞を受賞した。今回私は、オーケストラのリハーサルや演奏会で、さらにレオニー・ソニング音楽財団の若い奨学生のために、指揮のマスタークラスで指導する彼の姿を目のあたりにすることができた。

いまではザクセン・シュターツカペレ・ドレスデン（ドレスデン州立管弦楽団）とよばれるドレスデン・シュターツカペレの首席指揮者時代は、ヘルベルト・ブロムシュテットの芸術的発展のなかでもっとも重要な時期に数えられる。彼は一九七五年から八五年まで「公式」にこの任務をはたすことになるが、それに先立つ七〇年から、彼の言葉によると「秘密の」首席指揮者として活動していたのであった。二〇一六年五月、ザクセン・シュターツカペレ・ドレスデンはゼンパー歌劇場での演奏会のあと、彼を名誉指揮者に任命した。

その月の少し後、私はブロムシュテットを、ザクセン州のもうひとつの大都市で、彼の経歴において特筆すべき位置をしめるライプツィヒに訪ねた。この地で彼は、一九九八年に第一八代首席指揮者に就任していらい、二世紀半にわたる楽団の歴史に大きな影響をあたえたゲヴァントハウス管弦楽団と二回の公演をおこなった。二〇一六年の夏、ライプツィヒでの二つの公演のあと、ブロムシュテットはゲヴァントハウス管弦楽団とともに、ザルツブルク音楽祭、エディンバラ音楽祭、ロンドン・プロムス、ルツェルン音楽祭、ロッテルダムでの公演を含む演奏旅行をおこない、私も同行をゆるされた。そのさい私は、さまざまな演奏会場、指揮者の楽屋、飛行機やリムジンのなか、あるいはホテルのロビーでたっぷりと話を聞くことができただけでなく、ヘルベルト・ブロムシュテットの日常の仕事やゲヴァントハウス管弦楽団の音楽家たちとの交流を、心躍らせながら垣間見たのである。

本書の執筆中、私は彼を二回にわたってルツェルンの自宅に訪ねた。さらに夏休みには、スウェーデン西部の小都市ヌーラ近郊にあるブングストストルプに旅し、彼を訪ねた。ブロムシュテットの義母の家族が所有していた典型的なスウェーデンの木造家屋に、いまでは彼の末娘クリスティーナが住んでいる。ブロムシュテットの夏の書斎は、母屋のわきに湖をのぞんで建てられた小さな木造家屋のなかにある。ブングストストルプから私たちは、彼が幼少時に祖父母のもとで夏を過ごしたというヴェルムランドまで足をのばした。本書の各章は、これらの訪問と会話の様子をあらわしている。

ドレスデンとライプツィヒという二つの偉大な伝統的オーケストラと過ごした年月のあいだに、ヘルベルト・ブロムシュテットは、一九八五年から九五年まではサンフランシスコ交響楽団、また九六年から九八年まではハンブルク北ドイツ放送交響楽団〔現ＮＤＲエルプフィルハーモニー管弦楽団〕に拠点を移しながら、それぞれの首席指揮者を務めた。それだけでなく、一九七七年から八三年までは、ドレスデンでの任務のかたわら、ストックホルムでスウェーデン放送交響楽団の指揮をしていた。われわれわれが本書に取り組んでいるあいだ、サンフランシスコ、ハンブルク、ストックホルムは、ブロムシュテットの旅程に入っていなかった。

ブロムシュテットは、二〇〇五年にゲヴァントハウス管弦楽団の首席指揮者の地位を退いてから、フリーの指揮者として多忙に活動している。定期的に指揮している大オーケストラには、上記のほかにウィーン・フィルハーモニー、バンベルク交響楽団、東京のNHK交響楽団、ロイヤル・コンセルトヘボウ管弦楽団、バイエルン放送交響楽団、パリ管弦楽団、ロンドン・フィルハーモニー管弦楽団、ボストン交響楽団、シカゴ交響楽団、クリーヴランド管弦楽団、フィラデルフィア管弦楽団、ニューヨーク・フィルハーモニック、ロサンジェルス・フィルハーモニック、ベルリン・フィルハーモニーがあげられる。

本書に収められた会話のテーマはきわめて多様である。本書は、ひとつには二〇一七年七月一一日のヘルベルト・ブロムシュテット九〇歳の誕生日に向けて執筆され、彼のこれまでの人生とすでに六〇年を超えるその芸術的キャリア――それは一九五四年二月三日、ストックホルムでのデビュー・コンサートから始まった――のなかから、少なくとももっとも重要な部分を描こうとしたものである。それだけでなく、芸術および指揮という職人仕事や個々の作曲家について、さらには国際的な音楽興行のことが、しばしば話題となった。

第1章から第4章まではヘルベルト・ブロムシュテットの家族の背景と芸術的成長過程が中心である。ここで彼は、幼年時代にはストックホルムでトール・マンに、そしてザルツブルクでイーゴリ・マルケヴィッチに、タングルウッドではレナード・バーンスタインのもとで学んだ学生時代について、あるいはジョン・ケージといっしょにキノコ狩りをしたときのこと、北欧、ドレスデン、サンフランシスコ、ライプツィヒのオーケストラとの年月について語っている。

第5章でブロムシュテットは指揮者の仕事場への扉を開き、音楽作品を分析し伝える技術、そしてオーケストラの心理学の基礎にかんする洞察をみせている。

第6章では、彼は信仰深い音楽家として、宗教的・人間的確信と同時に分かちがたく結びついた芸術的エートスについて述べている。ヘルベルト・ブロムシュテットは、偉大な音楽作品に隠された豊かな財宝の使徒であることを自覚している。このような意味で、音楽は彼のミッション（使命・伝道）なのである。

第7章と第8章では、それぞれ異なったかたちをとって、ヘルベルト・ブロムシュテットの精神世界が具体的に姿を現す。ブロムシュテットの蔵書は三万冊の書籍と楽譜を擁《よう》し、その大部分がすでに「ヘルベルト・ブロムシュテット・コレクション」と称する完結したコレクションとして、エーテボリ大学に所蔵されている。このコレクションを見て歩きながら、ブロムシュテットは彼の宝物について語った。同じくエーテボリでは、一九〇七年から一五年間にわたり同地でエーテボリ交響楽団首席指揮者として活躍したスウェーデンの作曲家ヴィルヘルム・ステンハマルにたいする彼の新たな感動について話してくれた。本書を締めくくるのは、もっとも偉大な作曲家で、彼の精神的伴侶でもあるヨハン・ゼバスティアン・バッハとルードヴィヒ・ヴァン・ベートーヴェンをめぐる会話である。

ヘルベルト・ブロムシュテット氏には、尽きることのないエネルギーと忍耐と喜びをもって、長時間にわたり霊感ゆたかな会話にお付き合いいただき、みずからの人生を惜しみなく示してくださったことに、心から感謝申し上げたい。約五〇時間にわたるインタヴューの録音という豊かな源泉から、もっとも重要な会話を本書のために選んだ。ブングストストルプで心を開いて私を迎え、宿を提供してくださったヘルベルト・ブロムシュテットのご家族にもまた感謝申し上げる。ブロムシュテットのマネージャーである「ガスタイク芸術家マネジメント」のロタール・シャッケ氏とその協力者エーファ・オズワルト氏のご援助にも御礼申し上げたい。ゲヴァントハウス管弦楽団の音楽祭ツアーのあいだ、示唆に富む会話をしてくださった同団総監督アンドレアス・シュルツ氏にも感謝申し上げる。ゲヴァントハウス管弦楽団の音楽家各位にも、タイトな日程にもかかわらず、つねに親切でオープンに会話に応じてくださったことに感謝したい。「アッチェントゥス・レーベル」の支配人パウル・スマチュニー氏には、ＣＤやＤＶＤの寛大なご提供に御礼申し上げる。最後にヘンシェル出版社のズザンネ・ファン・フォルクセン氏、アニカ・バッハ氏、ユルゲン・アルネ・バッハ氏にも感謝を申し上げたい。

ユリア・スピノーラ
ベルリンにて、二〇一七年一月

ヘルベルト・ブロムシュテット自伝

音楽こそわが天命

目次

イントロダクション

エーテボリ・コンサート・ホールの「ストーラ・サーレン」（メイン・ホール）でエーテボリ交響楽団とリハーサルをおこなう直前のことだった。ヘルベルト・ブロムシュテットは指揮者楽屋の棚を開き、革袋に入った上品な木製のケースを取り出した。金の装飾がほどこされ、ネームが刻印されている。彼はそれを宝石箱のように慎重に開けると、貴重な中身を私に見せてくれた。それはエレガントな黒塗りの指揮棒で、両端が金と銀でぜいたくに飾られた保護ケースに入っていた。その上に彫りこまれた飾りにはWとSのイニシャルが輝いている。「リハーサルにこの指揮棒を持っていくのを私が忘れないように注意していただけますか」と頼むと、こう付け加えた。「それで振る練習をちょっとしないといけないのです。まだぜんぜん慣れていませんから」

ブロムシュテットはこの数年来、指揮棒を使わずに指揮をしている。指揮棒は彼の目には、つねに権力の道具に見える。ブロムシュテットの時代には、オーケストラの調教師然とした権威的なしぐさはまだごくあたりまえだったが、そんなしぐさは彼にはまったく無縁であり、いや、それどころか大嫌いなのである。じつのところ、イライラしながら指揮棒を振りまわす専制君主と、良き音を愛する友として、つねにていねいに愛想よく楽団員たちとコミュニケーションをとる者ほど対照的な姿は考えられない。指揮者ヘルベルト・ブロムシュテットは、オーケストラの前では指揮台に乗ってはいても、自分も彼らの仲間だと感じている。権威は作品からのみ引き出したいと考えているのだ。リハーサルでは、オーケストラとの付き合いはていねいでも、仕事には厳しい。

ブロムシュテットは多くの観点で、ステレオタイプなイメージをくつがえす。彼はいっけん矛盾して見えるものを、みずからのなかで統合しているからである。そのしぐさからして彼は、ナルシスティックな魔術師の対極にあるが、指揮台上の彼は、楽譜に忠実でありながら、まったく独自の静かなカリスマ性を放っている。そのために彼は指揮棒を必要としない。彼の指揮の合図は、その手を人工的に延長しなくてもきわめて正確で、ごつい木の棒を使うよりもはるかにしなやかである。彼は暗譜で指揮をする。ジェスチャーは控えめに、生き生きとした表情で。華奢《きゃしゃ》な姿にはエネルギーがみなぎっている。長いコンサートのあと、音楽でリフレッシュした彼は、指揮台の階段を跳ねるように降り、聴衆にほほえみかける。

両手を完全に独立させて指揮する彼のボディ・ランゲージは、まさに無駄がなく、表現力ゆたかである。余分なものはなにひとつなく、熱血漢のタイプの指揮者にときたまみられる耽溺《たんでき》もおおげさな動作もない。いかなるジェスチャーもいかなる視線もきわめて具体的で、ほとんど劇的なまでの意味表現に満ちている。厳しい分析と幻想性、楽譜にたいする厳密な忠実さと、より高い信仰によって支えられた内面の充溢《じゅういつ》のまじりあうところに、ヘルベルト・ブロムシュテットの指揮の秘密がある。ここから生じる解釈は、往々にして作品に脈打つニュアンスの豊かさと細部まで聴きとれる透明さを、私たちの耳に届けてくれる。同時にこの厳格さには無味乾燥さはまったくない。ブロムシュテットの解釈ではすべてのモティーフが語り、たがいに関連しあい、全体のオーラのなかで息づく。ブロムシュテットはディテールを研《と》ぎすますことによって全体にわたる関連性を見失うことはない。彼は最高に生き生きとした、内面の充実した音楽的有機体をつくりだすのである。

これから始まるエーテボリ交響楽団とのコンサートで、八九歳のマエストロは、いつもの原則を破って、指揮棒を使って指揮をする。なぜか。目前のコンサートは特別なコンサートであり、リハーサルに持っていくのは特別な指揮棒なのである。プログラムにはベートーヴェンの《田園》と、スウェーデンの作曲家ヴィルヘルム・ステンハマルのピアノ協奏曲第二番があがっている。ステンハマルはエーテボリ交響楽団の首席指揮者を一九〇五年の創立直後に引き受け、早々にスウェーデンの主要な交響楽団に育てあげた。エーテボリ交響楽団は一九〇七年から二二年まで、彼の芸術的ヴィジョンを鼓舞しつづけた。ブロムシュテット自身も高校時代、このオーケストラとともに音楽的に成長した。コンサート通いに夢中になり、またエーテボリ交響楽団の当時の第三コンサートマスター、ラルス・フェルミユースのもとでヴァイオリンを学んだ。エーテボリのコンサートの前の夕方、ヴィルヘルム・ステンハマル協会の創立を記念して、ステンハマルの名にちなんだ室内楽ホール（小ホール）でパネル・ディスカッションがおこなわれた。そこには作曲者の孫であるカール゠ヴィルヘルム・ステンハマルも同席しており、祖父の指揮棒をコンサートで使うようにとブロムシュテットにゆだねたのである。

ブロムシュテットはまったく迷信的な人間ではないが、比喩的な意味であっても、みずからを伝統のなかに位置づける、こうした人間関係にまつわる象徴的な儀式を好んでいる。それは、形をあたえることなしにはものを残したくないという、きわめて深い芸術的衝動である。ヴィルヘルム・ステンハマル協会設立後の夕方、この地の音楽史にコンサートによって敬意を表するために、少しのあいだ個人的な好みをひっこめようとブロムシュテットは考えた。それゆえ彼はエーテボリで指揮棒を使って指揮をする練習をしたのである。

ブロムシュテットは音楽学を修めた音楽学者であり、音楽史的伝統を知りつくしているのだが、それは彼にとってはたんなる歴史をはるかに超えるものである。それは彼にとっては「生きた連続性」であり、その主役である偉大な作曲家たちは、明けても暮れても内なる同伴者として彼とともにある。それは北欧ではステンハマルとならび、とくにカール・ニールセンとフランツ・ベルワルドであり、ジャン・シベリウスであり、さらに、とりわけドイツ＝オーストリアの交響作品の伝統につらなる作曲家たち――ハイドン、モーツァルト、ベートーヴェン、シューベルト、さらにローベルト・シューマン、ヨハネス・ブラームス、フェリックス・メンデルスゾーン・バルトルディをへて、アントン・ブルックナーとグスタフ・マーラーである。そして幼年時代のはじめのころから変わることなく、内面の同行者としてブロムシュテットの精神的世界の頂点に君臨しているのが、ヨハン・ゼバスティアン・バッハである。

この「生きた」歴史意識に鑑みれば、ヘルベルト・ブロムシュテットとドイツの古い管弦楽団とのあいだに精神的親近性があることには驚くに値しない。シュターツカペレ・ドレスデン、ライプツィヒ・ゲヴァントハウス管弦楽団という二つの大きな伝統的オーケストラを長年にわたって首席指揮者として率いていたし、さらにもうひとつ、バンベルク交響楽団とも名誉指揮者として深い関係にある。

ドレスデンのオーケストラは、一五四八年に選帝侯モーリッツ・フォン・ザクセンの命によって創立されていらいの燦然《さんぜん》たる歴史を誇り、その首席指揮者にはハインリヒ・シュッツ、ヨハン・アドルフ・ハッセ、カール・マリア・フォン・ウェーバー、そしてこのオーケストラを「魔法の竪琴《たてごと》」と名づけたリヒャルト・ワーグナーが数えられる。

ブロムシュテットは一九七五年から八五年のシュターツカペレ・ドレスデンの首席指揮者時代に、リヒャルト・シュトラウスの作品によって新しいレパートリーを開いた。リヒャルト・シュトラウスは六〇年以上ものあいだそのオーケストラと緊密な関係をもち、みずからの作品の初演をドレスデンで指揮した。首席指揮者を務めていたこの時代、ブロムシュテットはあえてオペラにちょっとした道草をしている。しかし夢中になることはなかった。芝居気のあるもの、化粧くさいものとは本質的に無縁だったからである。

一九九八年、かずかずの世界的指揮者に続いて、彼はライプツィヒで第一八代ゲヴァントハウス・カペルマイスターに任命された。このオーケストラのヨーロッパでの名声はフェリックス・メンデルスゾーン・バルトルディが築いたものである。メンデルスゾーンは作曲家としてのみならず、一八三五年以降、現代もちいられる意味での首席指揮者として活躍し、その時点で作曲されてからすでに五〇年以上たっていた作品――バッハ、ハイドン、モーツァルトなど――を上演するいわゆる「歴史的演奏会」を始めた。メンデルスゾーンはライプツィヒにドイツ初の音楽院も創設している。音楽院では同時にゲヴァントハウス管弦楽団の後継者が育成された。メンデルスゾーンのあと、カール・ライネッケ、アルトゥール・ニキシュ、ブルーノ・ワルター、ヴィルヘルム・フルトヴェングラー、フランツ・コンヴィチュニーがこのオーケストラを指揮した。ゲヴァントハウス管弦楽団は卓越した指揮者たちの伝統をもつだけでなく、ドイツ＝オーストリアの交響楽を華麗に育んできた。ベートーヴェン、シューマン、メンデルスゾーン、ブラームス、ブルックナー、リヒャルト・シュトラウスの作品は、早くからここで演奏されてきた。そしてもちろんブロムシュテットの存在も、バッハの街ライプツィヒの意義にふさわしいものだった。聖トーマス教会での毎週の職務もまた、数百年にわたってまるでイギリスの芝生のように手入れされたゲヴァントハウス管弦楽団の伝説的な音響を育てることに貢献した。

ブロムシュテットのもと、ゲヴァントハウス管弦楽団はふたたび国際的な競争に参加できるようになった。彼は音の暖かさと合奏の正確さは両立しないという誤解を解消した。ドイツ式のオリジナルな楽器の配置［対向配置］をふたたび徹底させ、第一ヴァイオリンと第二ヴァイオリンを向かいあって座らせ、その結果、古典派・ロマン派のレパートリーが特徴とする対話を重んじる原則にかなうようにした。さらに彼はオーケストラに、歴史的演奏習慣の美点――雄弁に語りかけるフレーズのつくり方、脈打つような柔軟なデュナーミク（強弱法）、そして旋律線の明晰《めいせき》さ――をも身につけさせた。ライプツィヒに先立つ一〇年間にも、彼は同じように粘《ねば》り強くサンフランシスコ交響楽団のレヴェルを向上させたのであった。サンフランシスコ交響楽団は彼の指揮のもと、アメリカで最高のオーケストラのひとつに栄進した。音楽史の伝統への責任をはたしながら、ブロムシュテットはどこで活動しても、同時代の音楽にもしっかりと取り組んだのである。

ブロムシュテットが過去の偉大な作曲家を霊的な同行者とみなして心通わせることができるとした

ら、それは芸術家、旅に忙しい指揮者ゆえに感ずる孤独を解消するよい方法となるだろう。人とはちがうという感覚を、彼は子どものころから知っている。セヴンス＝デイ・アドヴェンティスト派（安息日再臨派）という自由教会の牧師の子として、自信をもってアウトサイダーの立場で行動することを、とても幼いころから学んだのである。父親の厳しいアドヴェンティスト派的な教育によって、彼は厳密に管理された生き方を受け継ぎ、並はずれて強い自己責任感、こんにち彼が生きるうえで旨《むね》としている深い宗教的倫理観、聖なることば――それが聖書であれ名曲の楽譜であれ――にたいする畏敬の念を受け継いだのである。ブロムシュテットにとっては、楽譜に書かれたことでなにひとつ重要でないものはなく、ひとつひとつのディテールがどれも強い注意力を求めている。原典には正確にしたがうけれども、あふれんばかりの音楽的ファンタジーと先見の明によって、一字一句に狂信的にこだわる解釈主義者にならずにすんでいる。大学教育を受けたコンサート・ピアニストである母親からも才能を受け継いだ。母方の家系には演奏家もいて、みな想像力に富み、音楽的であった。母親は悲惨なリューマチ性の関節炎にもかかわらず、ほがらかで楽観的な人間で、育ちゆくわが子にたいし、父親の厳格かつ徹底した理想主義とのバランスをとってやったようである。ブロムシュテットは両方の親から才能をもらったのである。

ブロムシュテットは、エーテボリでヴィルヘルム・ステンハマルの後継者となったスウェーデンの指揮者トール・マンとならんで、イーゴリ・マルケヴィッチとレナード・バーンスタインをもっとも重要な師匠に数えているが、両親から受け継いだ両極性のいくばくかは、マルケヴィッチとバーンスタインの極端に対照的な気性にもみられ、いずれの極も彼の解釈の魔術に役立っている。というのも、この二人こそは、しっかりと組まれた練習計画は型にはまった表現と無縁であり、高い芸術的成果をめざす倫理的理想による厳格な態度はまさに型にはまった表現とはあいいれないということを、音楽によって証明しているからである。このことはもちろん、ブロムシュテットの場合のように、その両極性が、深くてまさに地震計なみの精度をもった音楽的感受性、そして高い表現力と結びついたときにのみ可能となるのである。この対話において、ブロムシュテットからはその両方がほとばしり出ていた。たんに記憶を呼び戻すだけではなく、ブロムシュテットは自分の考えを、つねにそれがどれほど真実であるか慎重に吟味する。あたかもそれを説明したいというかのように。そしてまた快活に、ユーモアたっぷりに千変万化の表現で語り、聞いたことのないような抑揚を真似し、楽句を歌い、よどみないおしゃべりに節《ふし》をつけ、まるで音楽の進行のように分節したり組み立てたりするのだ。

ブロムシュテットは年間約八〇回のコンサートをおこない、世界じゅうを旅している。精神的、肉体的に驚くべき良好な状態にある。彼が壮健なのはその信仰のおかげでもあるようだ。健康的な生き方は、土曜日ごとに安息日を守ることと同様に、アドヴェンティスト派のキリスト教徒の宗教的義務のひとつであるからだ。厳格に酒も煙草も飲まないヴェジタリアン的生活はあきらかに報われている。しかしなんといっても新鮮で感動的、そして少しも古くならず、稀有なものだといえるのは、その演奏解釈である。六〇年以上にわたる指揮者キャリアをへてこんにちにいたるまで、ブロムシュテットのコンサートはつねに独自なものでありつづけた。音楽は、ヘルベルト・ブロムシュテットの生命の霊液なのである。

第1章

「もっと賢い音楽をやりたかった」

ドレスデンでのインタヴュー

——シュターツカペレ・ドレスデン首席指揮者としての日々

ヘルベルト・ブロムシュテットは、シュターツカペレ・ドレスデンの名誉指揮者に任命された。この伝統的オーケストラの歴史で名誉指揮者の称号があたえられたのは、ブロムシュテット以外ではコリン・デイヴィスをおいてほかにない。ブロムシュテットは一九七五年から八五年までシュターツカペレの首席指揮者であった。この時期、カール・マリア・フォン・ウェーバー、リヒャルト・シュトラウス、リヒャルト・ワーグナーといったドレスデンゆかりの「地元の英雄たち」の作品だけでなく、宮廷楽団ならではのバロック音楽の遺産も演奏し、さらに数多くの世界初演、ドイツ初演もおこなってきた。これまでに三〇〇をはるかに超える数の演奏会を指揮し、多数の録音をしている。ブロムシュテットは首席指揮者をつとめたほとんどすべてのオーケストラから名誉指揮者の称号を授与されている。サンフランシスコではわざわざ彼のためにこの称号がもうけられたほどである。定期的に指揮をしてきた東京のＮＨＫ交響楽団およびバンベルク交響楽団の名誉指揮者でもある。

名誉指揮者の任命式は、二〇一六年五月、マックス・レーガーのピアノ協奏曲ヘ短調作品１１４とベートーヴェンの交響曲第七番の公演のおりにおこなわれた。独奏者はアメリカのピアニスト、ピーター・ゼルキンである。楽団長のベルンヴァルト・グルーナーはブロムシュテットにたいし、次のような熱狂的な賛辞を寄せている。

「あなたは、大いなる厳密性をもちながら、あふれるような愛を音楽にこめ、いつも楽団にも聴衆にも深い敬意をもって、作品に向かわれました。芸術的にも人間的にも高い基準をもうけ、どのような事態にあってもその基準を下げることはなさいませんでした」

ヘルベルト・ブロムシュテットははた目にもわかるほど胸を打たれ、感謝の言葉を述べた。

「私の心臓には二つしか部屋がありません。二つでは少なすぎます。ドレスデンの友人たちや思い出のためにもっと多くの場所がほしいくらいです」

＊

シュターツカペレ・ドレスデンをはじめてお聴きになったときのことを覚えていらっしゃいますか。

ええ、そのことならいまでもはっきり覚えています。私は一〇代で、ちょうどヴェルムランドの祖父母のところにいました。毎年夏にそこへ行っていたのです。祖父母のところにはベークライトでできたテレフンケン社製の小型ラジオがありました。ラジオはね、当時はまったく特別なものだったのです。一九三〇年代、ドイツ放送は日曜の午前にいつもオーケストラ・コンサートを放送していました。ある日私はマックス・レーガーの《モーツァルトの主題による変奏曲とフーガ》を聴きました。このすばらしい作品を、私はすでにピアノで知っていました。その時期にはもうヴァイオリンに専念していたのですが、レパートリーを見つけるためにピアノも少し弾いていたのです。モーツァルトの変奏曲は比較的やさしくて、自分でも弾けました。でもそのラジオ放送のようなかたちで聴いたことはなかったのです。想像を絶するほど美しい曲でした。そこに「カール・ベーム指揮のザクセン・シュターツカペレ・ドレスデンの演奏でした」というアナウンスが入りました。それいらいこの楽団は、私にとって天を舞うような存在となりました。何十年も後になってこのすばらしいオーケストラをみずから指揮することになったのですが、しかし、そこは思想的、政治的に弾圧された異質な国でした。私にとってそれは大きな矛盾でした。社会主義には興味がなかったのです。

最初のコンサートはどのようにして実現したのですか。

シュターツカペレと出会ったのは一九六九年のことでした。「プラハの春」事件でカペレはその前の年に首席指揮者を失っていたのです。チェコスロヴァキア共産党第一書記のアレクサンデル・ドゥブチェクが「人の顔をした社会主義」というスローガンのもとに進めた自由を求める運動は、モスクワにたいする反乱でした。ロシアは反乱そのものを残虐《ざんぎゃく》に打ちのめしました。プラハではソ連の戦車だけでなく、誤って東ドイツのものとみなされた戦車も砂煙をあげていました。数十年にわたってこの憶測がまかり通っていました。新しい研究でようやく、東ドイツ人民軍（ＮＶＡ）の戦車はじっさいには国境すぐ近くの東ドイツ領内で足止めを食っていただけだったことが証明されました。カペレの首席指揮者マルティン・トゥルノフスキーも、当時のみなと同じように、東ドイツの戦車が反乱の鎮圧に加担していると考えました。それが理由で彼は即刻職を辞してドレスデンをあとにしました。トゥルノフスキーはチェコ人なので、自分が働いている国の人々が彼の同胞たちを殺戮《さつりく》するのを手をこまねいて見ていたくなかったのです。彼の気持ちはよくわかります。ライプツィヒにいたヴァーツラフ・ノイマンもチェコ人だったので、トゥルノフスキーと同じようにしました。この二人の指揮者は即刻東ドイツをあとにしたのです。ゲヴァントハウス管弦楽団はノイマンとすばらしい時代を築いていました。ノイマンは生来の音楽家であり、そのコンサートではすべてがとても軽やかに、そしてごく自然に流れていました。ノイマンはもしかするとゲヴァントハウス管弦楽団に少し親切すぎたかもしれません。こうして東ドイツの二つの大オーケストラはとつぜん首席指揮者不在となり、私はドレスデンに代役で飛び入りした指揮者のひとりでした。もうひとりはヘルベルト・ケーゲルでした。トゥルノフスキーが指揮しなくなったシュターツカペレは、一九六八年にケーゲルが来てすぐに、いっしょにスウェーデンへの演奏旅行をおこないました。ケーゲルはたいへん傑出した指揮者ではありましたが、カペレとはまったくそりがあいませんでした。この演奏旅行はおそらく破綻《はたん》していたのでしょう。カペレはスウェーデンで私のことを聞きつけたのです。そして一九六九年四月のコンサートをひとつ引き受けてくれと言ってきました。「鉄のカーテン」の裏側になんていちども行ったことがなかったので、最初はためらいました。その反面、シュターツカペレには行きたくてたまらなかったのです。

この最初の東独への旅の印象はいかがでしたか?

ストックホルムからは列車を使いました。真夜中に犬を連れた税関の職員たちが寝台車のところにやってきました。彼らは不愛想だったわけではありませんが、とても不気味でした。スウェーデンではそういう流儀に慣れていなかったのです。「いったいこれからどうなるのだろう?」と自問しました。早朝に東ベルリンで列車を乗り換えねばなりませんでした。まだ外は暗く、大きな駅には人っ子ひとりいません。しかしとつぜん荷役用のホームのはるか上方に人がひとりいるのが目に入りました。銃を持った兵士です。それを見てなにもかもがひどく不安になってしまいました。寒くて列車のなかでも奇妙なにおいがしました。洗剤のようなにおいです。ドレスデン駅はすっかり荒廃し、すべてが壊れていました。鉄道のレールを雑草が覆い、なにもかもが煤《すす》で黒くなっていました。するとこの陰《いん》鬱《うつ》な風景のまんなかにたいへん愛想のよい人が現れたのです。楽団長ディーター・ウーリヒでした。この人が私をプライヴェートに出迎えてくれて、このすばらしいオーケストラに連れていってくれたのでした。陰鬱な郊外の風景とは対照的に、カペレとその演奏は想像もつかないほどすばらしいものでした。

最初のコンサートのプログラムを覚えていらっしゃいますか。

本番の一カ月前になってようやくこの代役を承知したので、コペンハーゲンで用意していた曲目を演奏することにしました。公演の前半は、すでに予定されていたとおりの曲目で、パウル・ヒンデミットの《木管楽器、ハープとオーケストラのための協奏曲》とブラームスのヴァイオリン協奏曲を、リカルド・オドノポソフの独奏で演奏しました。この夕べの後半は自分でアレンジしてよいことになり、ニールセンの交響曲第五番に決めました。おそろしくむずかしい曲で、ことに弦楽器パートは純粋に演奏技術だけとっても困難なものでした。リハーサルはぜんぶで三回しかありませんでしたが、最初のリハーサルが終わるころにはほとんど完璧な状態で、すっかり驚いてしまいました。こんなことがどうして可能なのか、雷に打たれたような思いでした。のちになって首席ヴィオラ奏者のヨアヒム・ウルブリヒトがそばに来て、カペレはこの曲をからっきし理解していないのだと打ち明けてくれました。カペレの楽員は北欧の作曲家を知らなかったのです。にもかかわらずカペレはニールセンの交響曲をみごとに演奏しました。信じられない。この演奏会のあと、カペレはすぐに私を呼んでくれて、翌一九七〇年には首席指揮者になってほしいと依頼してきたのです。

しかし、ブロムシュテットさんがこのポストに就くまでさらに五年もかかっていますね。それはなぜですか。

オーケストラのほうはせき立ててきましたが、私はこのポストに就くことを何年間もためらいました。政治体制の大嫌いなこの国に行きたくなかったのです。しかしオーケストラはじつに賢くたくみに私を説得しました。説得術を使うだけでなく、なによりもまず、私がもし行かなかったらどんなチャンスを失うかをわからせることによって説得したのです。ドレスデンがどんなに美しく、ドレスデン近郊にどれほどたくさん音楽ゆかりの場所があるかを案内してくれてね。ここでカール・マリア・フォン・ウェーバーが《魔弾の射手》を作曲したとか、あそこではリヒャルト・ワーグナーが《ローエングリン》を作曲したという具合に。彼らはすばらしいジルバーマン・オルガンのあるフライベルクに連れていってくれました。私がオルガンを弾くのが好きなことを知っていたので、私ひとりだけのためにデモ演奏をアレンジしてくれたのです。それはすばらしい体験で、その背後に隠されたメッセージは明らかでした――「私たちのすばらしいドレスデンに来ることをどうしてためらうのですか」。あるとき客演したあと、首席ティンパニストのペーター・ゾンダーマンが舞台裏の私のところにやってきて訴えました。「先生！　先生にはどうしても来てもらいたいのです。私たちは毎日そのことを神様にお祈りしています」。そこで私は、何度かドレスデンに客演したことのあったイーゴリ・マルケヴィッチに助言を乞いました。「ぜひとも受けたまえ。君の人生を変えてくれるだろう」と彼もまた言いました。それでも私はためらいました。独裁政治下では居心地はよくないだろうと怖れたのです。一方ではこの地の聴衆とオーケストラのことを途方もなく心地よく感じていました。彼らはまるで天国のようでしたからね。二年半ためらったのち、私はもう抵抗できないと判断したのです。

決心するための鍵となるような経験はありましたか。

一九七二年のクリスマスに、オーケストラは私にたいして最後の大博打《ばくち》を打ったのです。ヘルベルト・フォン・カラヤンがワーグナーの《ニュルンベルクのマイスタージンガー》を録音するためにドレスデンに来ていました。ゼンパー歌劇場はまだ再建されていなかったのでシャウシュピールハウス〔劇場〕のほうで演奏したのですが、ワーグナーの大きなオペラを演奏するには狭すぎました。私も当時シュターツカペレを定期的に指揮していました。オペラのレパートリーは、つねに演奏しつづける必要があります。そのためにエテルナ・レーベルで大規模なオペラをレコード録音しようというアイディアがもちあがりました。カラヤンはワーグナーの《マイスタージンガー》を、のちにカルロス・クライバーが《トリスタンとイゾルデ》とカール・マリア・フォン・ウェーバーの《魔弾の射手》を、そしてマレク・ヤノフスキが《ニーベルングの指環》全曲を録音しました。

《マイスタージンガー》用に一八回の録音セッションが組まれていましたが、九回目が終わると、もうすべてができあがっていました。九回目のセッションでは、一五分足りなくて〈序曲〉が録音できなかったのですが、カラヤンがオーケストラに礼を言い、「また明日」と帰ろうとすると、楽団員たちは「私たちはあと一五分なら時間があります。〈序曲〉も録音しましょう。その曲ならよく知っていますから」と言いました。カラヤンは同意してやってみる気になり、赤い録音ランプをつけさせ、オーケストラは序曲を一回通して演奏しました。そしてその演奏はそのままレコードになったのです。一カ所の変更もなく。その後カラヤンはオーケストラに短い挨拶《あいさつ》を述べました。「ドレスデンに来たとき、最初の一瞬からここはまったくの別世界だと感じました。ドレスデンには多くの廃墟と死んだモニュメントがあります。しかし、みなさんは生きたモニュメントなのです。そのままでいてください。もしベルリンでの職務がなければ、私があなたがたのところへ来たいと思うほどです」。

カラヤンの挨拶は小さなテープに録音されました。そしてオーケストラはクリスマス・プレゼントにこのテープを私にくれたのです。ほかにいっさいコメントなしにね。

カペレのこのプロ根性にはたしかに大胆なところがありますね。ブロムシュテットさんを納得させたのはこの大胆さですか？

そうです。それは最後の一滴だったのです。私は承諾の返事をしました。そしていちども後悔したことはありません。この話はカペレのメンタリティについて多くをものがたっています。カペレはもっともよい意味で頑固でした。団員たちがなにかをやりたいと思うと、実現するまで絶対に力を抜くことがありません。にもかかわらず、私が契約書に署名するまでさらに二年半かかりました。というのも、国を納得させなければならなかったからです。シュターツカペレは東ベルリンの政府から、かならずしも良く思われていたわけではありません。海外公演で外貨を持ち帰るというかぎりにおいてのみ好まれていたのです。演奏で得たギャラのうちカペレの手に渡ったのはほんのわずかにすぎず、ほとんどの金は国庫に入れられました。カペレはお金をもたらすという意味以外では、東ドイツ政府にとって自信過剰でわがままずぎる存在でした。この件においても同様です。わざわざ資本主義の外国出身のこの若い男を首席指揮者として雇うことを、オーケストラは強情に要求してゆずりませんでした。政府の公式見解によれば、最高の指揮者は自国〔東ドイツ〕にいるというのにね。でもカペレは頑固な態度をとりました。それは当時、そうとう勇気のいることだったのです。

そのような頑固さで指揮者も苦労することがありましたか。

カペレの頑固さが不快になることもありましたが、しかし頑固さにはかならず芸術的な背景がありました。指揮者フリッツ・ブッシュとその弟のヴァイオリニスト、アドルフ・ブッシュとのあいだで交わされた手紙には、それにかんするおもしろい箇所があります。フリッツ・ブッシュは、ナチスによって文字どおり客席からどやされてオペラ座から叩き出されるまで[1]、ドレスデンで音楽総監督を務めた音楽史の立役者でした。はじめてシュターツカペレを指揮したとき、彼はすっかり熱狂し、この信じられない経験について弟に書き送っています。その三年後むずかしい状態に陥った彼は、カペレが「反抗的な牛」のような態度をとると、ある手紙で嘆いています。指揮者がカペレにたいして変なことを要求すると、音楽家たちはあくまで愛想よく、しかしひたすら協力せず、動かないことによって要求されたことをボイコットするのです。私も同じような話を聞いたことがあります。ニコラウス・アーノンクールがレコード録音のためにドレスデンに来たときのことです。カペレはとにかく彼の言うことをききませんでした。アーノンクールの「オリジナル美学」――たとえばベートーヴェンを速いテンポで演奏することは、カペレにとっては勝手がよくなかったのです。その後、コリン・デイヴィスがゆったりと引き伸ばしたテンポを示すと、カペレはそれを好みました。というのも、そのほうがカペレの響きの魔術を繰りひろげることができたからです。ティーレマンとの共演でも、カペレは伝統的なテンポと響きの魔術を楽しんでいますね。

私の時代のカペレの演奏モラルは、それ以前にまったく経験したことがなく、その後もまた同じ意味では経験したことがないようなユニークなものでした。オーケストラは原子力発電所のようなエネルギーの塊《かたまり》で、なにごとにおいてもますます良くなる方向へと進めました。例をあげましょう。あるリハーサルの途中、彼らは唐突に小さな音で演奏したのです。そうしてほしいというサインを私はまったく出していなかったのに。いったいどうしたのだろう。コンサートマスターのルドルフ・ウルブリヒが上半身でごく小さな動きをしました。ちょっとだけ肩を下げて上体を低くしたのです。するとそくざに全員が小さな音で弾きました。それほどカペレのメンバーは注意深く、いつも椅子の縁《ふち》に腰かけて、どんなことにも反応できるようにしていたのです。

首席ハーピストはユッタ・ツォッフという女性で、ほとんど男性のような低い声の人でした。すばらしい音楽家で、すてきな人です。彼女の奏でる一音一音が魔術でした。《英雄の生涯》に、愛のシーンの長大なヴァイオリン・ソロのあと、ハープの長い変ト長調の和音で終わるところがあります。どのコンサートでも、彼女が何分も前からこの和音に気持ちを準備していることがみてとれました。

この和音は彼女が演奏するときほど美しく聞こえたことがありません。

このオーケストラで、私は若い指揮者として音楽的に成長したのです。それはもちろんすばらしいことでした。ドレスデンにはこんにちにいたってもなお心を動かされます。ドレスデンに帰ってくるたび、ここは特別だと思います。昔の精神はいまはもうありませんがね。こうした全面的な献身、より良くやりたいという絶対的な意志は、いまはちがったものです。こんにち、カペレはきわめてすぐれたオーケストラですが、こういった命がけともいえる絶対性はもはや感じられません。

どういうことか、ご説明くださいますか。

東ドイツ時代のこのオーケストラの特殊な立場と関係があると思います。もちろんこの時代にもういちど戻りたいなんて、絶対に誰も思いません。独裁政治が終わったことを私たちはみな喜んでいます。政治的状況がいかに恐ろしいものであったにせよ、それだからこそ音楽家たちはここまで極端に、自分の芸術のために生きざるをえなかったのです。楽団員たちは自分の課題に完全に焦点を絞りこんでいました。彼らにとっては音楽がすべてだったのです。音楽のなかに人生があったのです。芸術が「いま」をつくりだしてくれたのでした。

さらに、このオーケストラは当時いわば独自の楽派をなしていたのです。オーケストラの新しいメンバーのほとんどは古いメンバーの弟子でした。ほとんど全員がザクセンの出身でした。こんにちではまったくちがっています。音楽家はあらゆるところからやってきます。にもかかわらず、不思議なことに、はっきりとした特徴が伝承されているのです。新しい世代にすら伝承されています。ちょうどマックス・レーガーのピアノ協奏曲を演奏したばかりですが、カペレはレーガーにたいして本能的な勘をもっています。それを今回また感じました。オーケストラのメンバーの大部分が、昔とまったく入れ替わっているにもかかわらずね。

オーケストラの誇りと完璧主義がどれほどのものであったか、ロシアの指揮者キリル・コンドラシンがある本のなかで回想しているエピソードからわかります。一九七八年にカペレの四五〇周年記念に出版された本[2]ですが、コンドラシンは客演指揮者として何度かドレスデンに来ました。彼はそこであるリハーサルについて書いています。すべてが最高にうまくいきました。楽員が演奏し、コンドラシンが指示を出します。第三フルートのある箇所で、完璧に演奏できるまで二、三回繰り返しをさせました。それはふつうのことで、すべてが気持ちよく進行しました。コンドラシンが翌日リハーサルに行くと、その席には別のフルート奏者が座っていました。コンドラシンは前日の奏者はひょっとするとムッゲがあり、その日だけ別のメンバーに変わったのかもしれないと考えました。

「ムッゲ (Mugge)」とは、楽団員が「音楽の臨時稼業 (musikalisches Gelegenheitsgeschäft)」をさしていうもので、つまりオーケストラの活動のかたわらよそに出演することである。多くの音楽家が副業をもち、オーケストラの単調な日常から気分転換するのに「ムッゲ」は好まれたが、首席指揮者は好まなかった。結果的にオーケストラのメンバー配置が変わるからである。

リハーサルのあと、コンドラシンは楽団長に、なぜリハーサルのときに別のフルート奏者が座っていたのかききました。「先生はあのフルート奏者に満足なさっていませんでした。ですから別の奏者に取りかえたのです」というまったく唖然《あぜん》とするような返事がかえってきました。コンドラシンは、もちろんその奏者には満足していたと答えました。彼は自分の指示を変えただけだったのです。その点について楽団長はこう伝えました。「私どものオーケストラでは、指揮者はこうしたいということを一回以上指示する必要はありません」。それがカペレの音楽家の労働モラルだったのです。ほとんど信じられません。カペレには自浄作用があったわけですが、それは恐ろしいまでのものでした。新人として入団したとき、同僚たちがどんな規範を教えてくれたか、首席トランペット奏者が語ってくれたことがあります。「絶対にミスをするな。来るのは早すぎても遅すぎてもいけない。いつもきちんと演奏しろ等々」。彼はこの決まりにつねに徹底的にしたがいました。いや、あまりにも完璧にしたがいすぎ、この精神が音楽家としての彼を破壊してしまった。なにもかも正確にこなすことばかりを考えていたので、もはや真に自由に音楽を奏でることができなくなっていたのです。じっさい、楽団員にはすさまじい圧力がかけられていたにちがいありません。当時は、カペレの完璧主義は典型的な東ドイツ精神を反映しているのだと考える人もいました。しかしそれはむしろ、シュターツカペレの典型的な精神であったと私は思います。たしかに東ドイツは強制社会でした。しかしカペレの楽団員は政治的な理由で完璧主義であったのではなく、自身の音楽的要求に憑《つ》かれていたのだと思います。

どれくらいの団員が共産党員だったのですか？

私の知るかぎりでは七人の党員がいました。でもカペレで最良の楽員というわけではありません。

何人かはいたって平凡でした。その理由は、彼らがあまりに身の安全ばかり考えていたからだと思います。あるチェリストは共産党員でありながら、とてもすぐれた楽団員でもありました。彼は信念において共産党員であり、戦略的な理由あるいは日和見《ひよりみ》主義から党員になっていたわけではありません。理想主義者だったのです。壁が崩壊したとき、彼はシュタージの秘密部員であるとして即刻オーケストラから追い出されました。私はそのことを残念に思いました。オーケストラの観点からみれば理解できることですが、人間としてはきわめて悲劇的なことでした。

ドレスデンに行ってからブロムシュテットさんのレパートリーはどう変わりましたか?

ドレスデンに行くまえはリヒャルト・シュトラウスをまったく演奏しませんでした。彼の音楽がとくに好きであったわけではないのです。いっぽうでは、手の届かないほど高くに生《な》っている葡萄《ぶどう》を見て、あれは酸《す》っぱくてうまくないとけなす狐のようなものだとわかっているのですが、最初は私のオーケストラが小さすぎて、シュトラウスを演奏することができなかったのです。しかし、とりわけ私の世代は第一に、きわめて反ロマン主義的な考え方をするものです。私たちは醒《さ》めた、もっと賢い音楽をやりたかったのです。バロック音楽と現代音楽を愛していて、ロマン主義を軽蔑していました。それでリヒャルト・シュトラウスを過小評価していたのです。効果ばかりねらうショー・ミュージックだとか、厚化粧だが内容があまりないと思っていたのです。カール・ニールセンやジャン・シベリウスなど北欧の作曲家は、リヒャルト・シュトラウスの価値を認めませんでした。そのことが私たちの考えを裏づけてくれるように思えました。それが時代精神だったのです。後期ロマン派の際限もなくひどくなってゆく大げさな耽溺を過去のものにしようと努めていたのです。

作曲家たちは、それぞれ異なった流儀で新たにことを起こそうとするものです。パウル・ヒンデミットはルネサンスとバロックの音楽に立ち返ることによって霊感を得ようとしました。イーゴリ・ストラヴィンスキーはスラヴのリズムから、ベーラ・バルトークとレオシュ・ヤナーチェクは、彼らの国の民俗音楽から霊感を得ています。私もシェーンベルクの「一二のたがいに関連する音による作曲法」が、ロマン主義を過去のものにするための手段だと思っています。この厳格な技術は新しい突破口を見つけるためのひとつの方法でした。もともとシェーンベルクはブラームスのように作曲していたのです。音楽において和声の束縛を捨てようとしたにすぎません。私はこういった反ロマン主義者の一員だったのです。もちろんアントン・ブルックナーやヨハネス・ブラームスを嫌ったことはありません。しかし、シュトラウスのように音楽が派手になってしまうとアレルギーを感じました。マックス・ブルッフですら私には疑わしいと思われました。

では、なぜそれにもかかわらずシュトラウスを演奏されたのですか?

ドレスデンではシュトラウスは至上命令ですからね。長いシュトラウスの伝統があります。シュトラウスのオペラのうち九つがここで世界初演され、《アルプス交響曲》はシュターツカペレに献呈されています。私が首席指揮者になってまもなくドレスデンで、この街とシュターツカペレを宣伝する映画が制作され、その映画のために私はカペレと《ばらの騎士》の抜粋を演奏することになったのです。演奏の要請はとても差しせまったもので、準備をする時間がありませんでした。幸運なことに、かつてドレスデン・フィルハーモニーの首席指揮者だったハインツ・ボンガルツが近所に住んでいました。たいへん親切な人で、スコア（総譜）をもってアドヴァイスを乞いにいったところ、とても懇《こん》切《せつ》に教えてくれました。その作品をじっさいに指揮してみたところ、これは楽しいと感じたのです。

そのようにしてリヒャルト・シュトラウスへの取り組みが始まりました。カペレはシュトラウスを演奏するやり方を知っており、それが私の耳を開いて、この音楽のもつ独自の良さがわかったのです。それまでは作品をみるとき、なによりも構造に興味をもっていました。ポリフォニー〔多声音楽〕や主題労作[3]や形式の複雑さにね。バッハのことはもちろん、このうえなく崇拝していました。ドレスデンに来て私は、音の響きにも独自の性格や魅力があることを学んだのです。新しい次元を発見したというわけです。

私たちはシュトラウスの作品をつぎつぎに演奏しました。いまでもシュトラウスの多くの作品を愛しています。たとえば、《アルプス交響曲》は人生についての大いなる比喩です。ベルヒテスガーデンの風景と関係があるというのはごく表面的なレヴェルでの話です。リヒャルト・シュトラウスは偉大なプロフェッショナルであり、すばらしい管弦楽作曲家だったのです。彼は「牝牛がミルクを出すように」というみずからの言葉どおりに作曲し、指揮することができたのです。ただ、こういう音楽に誤った期待をもってはいけません。ベートーヴェンではないのです。

ただ、リヒャルト・シュトラウスのオペラにはあまり親しみを感じません。《ばらの騎士》は技術的な観点で感心はしましたが、感動はしませんでした。如才なさすぎて、厚化粧です。逆に《英雄の生涯》《死と変容》あるいは《メタモルフォーゼン》とは私自身、とても一体化できるのです。

でも、ドレスデンではオペラも指揮されましたね。

ええ、私にとってはまったく新しいことでした。シュターツカペレと演奏するまえは、いちどもオペラを指揮したことがありませんでした。それまでオペラにほんとうに関心をもったことがなかったのです。オペラというジャンル全体が、私の音楽的理想から遠く離れているように思われたのです。オペラ流のヴィブラートをかける歌手たち、題材、大仰《おおぎょう》さ――オペラというものにひどく疑念をいだいていました。そして指揮者としてオペラの上演をほんとうにできるかどうか、ひじょうに疑わしく感じていたのです。

カペレは彼ら一流の愛すべきやり方で私にオペラをやらせようとしました。第二ヴァイオリンの首席奏者だったラインハルト・ウルブリヒトはいつも言っていました、「先生、何が心配なのですか。私たちが先生を支えてあげるから、だいじょうぶですよ」とね。それでベートーヴェンの《フィデリオ》をやってみたところ、カペレはこのうえなくすばらしい演奏をしてくれました。一九七二年、まだドレスデンの首席指揮者のポストにつくことを承諾するはるか以前のことでした。それは私にとてもすばらしい経験でした。周りでいろんなことが起きるのに、こんなにすばらしい演奏ができるなんて、驚きでしたよ。

それでも私のオペラのレパートリーは、ほんの数えるほどしかありません。《フィデリオ》のあと、モーツァルトのオペラをやりました。《魔笛》と《後宮からの誘拐《ゆうかい》》をね。それからドビュッシーの《ペレアスとメリザンド》、ウェーバーの《オイリアンテ》、それにチャイコフスキーの《エフゲニー・

オネーギン》――これはすばらしい音楽です。

当時、反ロマン主義的な考え方をしておられたのにチャイコフスキーを愛されたというのはおもしろいですね。

もちろんです。私は偽装したロマン主義者だったのですよ。反ロマン主義者的考えをもっていたのは、受けた教育のせいにすぎません。チャイコフスキーのなかには多分にモーツァルトがひそんでいます。仰々しい表現を避けているのです。チャイコフスキーは繊細《せんさい》に指揮しないといけません。誇張してはいけない。チャイコフスキーのスコアを厳密に研究すると、圧倒的なモーツァルト崇拝の念がそこに流れていることがわかります。しかし、多くの指揮者がチャイコフスキーの音楽に溺《おぼ》れてしまいます。大きな音で乱暴に、そして指示されているよりもはるかに速く演奏するんです。敬愛する偉大な指揮者エフゲニー・ムラヴィンスキーは、チャイコフスキー解釈で一世を風靡《ふうび》しました。そして音楽的にはきわめて正確でした。しかしいつもスコアに忠実であったとはいえません。彼が演奏すると、速い楽章はしばしば速すぎました。テンポが速ければ演奏効果はあがる。しかしそれはもはやチャイコフスキーでなくなってしまうのです。

チャイコフスキーの音楽は、こうした伝統にしたがって演奏されるよりも、ほんとうはずっと詩情に満ちているとお考えなのですか？

そうです。交響曲第五番の第二楽章を例にとってみましょう。この楽章では、テンポはとても正確にメトロノーム表示されています。数小節ごとにチャイコフスキーは新しいテンポを要求するのですが、ほんのわずかのちがいしかありません。あるときは♩＝54、またあるときは♩＝56と。で、スコアに「ソステヌート（音をじゅうぶん保持して、また速度を抑えて）」とあれば、それはテンポの指示でもあるのです。この楽章を分析してみると、こういった細かいテンポの揺れはきわめて理にかなっていることがわかります。そして指示どおりにしたときに、チャイコフスキーにたいするまったく新しい視野が開けるのです。疑うべくもなく繊細な魂の音楽が生まれるのです。

ロシアではチャイコフスキーの音楽は、彼の生前には西欧的すぎるといわれて、眉《まゆ》をひそめられていました。あまりロシア的ではないように思われたのです。それで多くのロシアの指揮者たちは、この見かけ上の欠点を補おうとして演奏したのです。大きな音で、速く、効果的に。私はチャイコフスキーにたいしてはまったく異なった見方をしています。コンセルトヘボウ管弦楽団と交響曲第四番、第五番、第六番を演奏したとき、楽団員たちは私に、まったく新しい音楽ができあがったと言ってくれました。チャイコフスキーには、ひじょうにたくみに作曲された小規模なピアノ作品集があります。たとえば《四季》はこのうえなくすばらしいミニアチュール（細密画）です。

ドレスデン時代になにか突発的な事件はありましたか？

ひとつ絶対に忘れられないお話があります。一九七六年、東ベルリンに「共和国宮殿」が落成しました。アレクサンダー広場のぞっとするような建物がね。[4]「ベートーヴェン・イヤー１９７７」にそこでベートーヴェンの全交響曲が演奏されることになりました。カペレは直前になってようやく、どの交響曲を演奏するかを知らされたのです。私たちは交響曲第八番を演奏しました。

私はアレクサンダー広場に面したホテルの三四階の豪華なスイート・ルームに泊っていました。演奏会の三〇分前に運転手が下まで迎えにきました。しかし、私はどうしてもそこまで下りていけなかった。ずっと三四階に立ったまま待っているのですが、エレベーターが来ないのです。しびれを切らして八時一五分前に階段を大急ぎで駆け降り、下に降りたときには膝《ひざ》がわなわな震えていました。開演五分前に共和国宮殿に到着し、着替えのために楽屋に転がりこみました。舞台監督はうろたえていました。そこへまた別のショックが追い打ちをかけてきました。燕尾服《えんびふく》を入れたケースがドレスデンから届いていないというのです。第二ヴァイオリンの後ろのほうの列に座っていた、私とだいたい同じくらいの体格の楽団員が呼ばれました。ほんとうにぎりぎりのタイミングで膝をがくがくさせながら、借りものの燕尾服で舞台に立ったのです。演奏会全体がテレビで生放送されることになっていました。指揮台に立ったあとは、すべてがうまくいきました。私の秘書は、あとでこの事件にまつわる長い韻を踏んだ詩を書いてくれました。

ドレスデンで演奏された特別なレパートリーにはどんなものがありますか。たとえば現代音楽はどうでしたか。

もちろん東独在住の現代作曲家の作品を演奏しました。たとえばウド・ツィマーマンやジークフリート・マットゥスとか。両者ともおもにオペラを作曲する人でした。オペラには私は基本的にかかわっておらず、オペラ座では当時ペーター・ギュルケが指揮者をつとめていました。ギュルケはすばらしい人物で偉大な音楽学者です。私は彼がとても好きでした。数年前に私がドレスデンでコンサートをおこなったとき、会いに来てホテルまで送ってくれました。彼は音楽にすっかり圧倒されていたのです。

私がとても気に入って演奏したツィマーマンの作品は、《シンフォニア・コメ・ウン・グランデ・ラメント（偉大な嘆きとしてのシンフォニア）》でした。ちょっと演奏効果をねらって書かれている部分もありますが、それがとてもうまくいっていて、コンサートでは効果的なのです。長いティンパニのソロで始まり、もちろんカペレのティンパニストであるペーター・ゾンダーマンがすばらしい腕前を披露しました。彼はまことの芸術家でした。カペレはとことんすばらしかったのです。

東ドイツの作曲家のなかではパウル・デッサウがいちばん良かったですね。ベルリン近郊のツォイテナー湖畔にある家に一度お邪魔したことがあります。デッサウはいつも、東ドイツ最高の作曲家はヨハン・ゼバスティアン・バッハであると言っていました。それにゲオルク・カッツァー、シュテッフェン・シュライアーマッハーがいました。彼らの作品をいくつか演奏しましたが、結果的にはそれらの作品は後世に残るものではありませんでした。おそらく、あのような全体主義的体制においては後世に残る作品が生まれにくかったのでしょう。

そう思われますか。ソ連でのドミートリー・ショスタコーヴィチはいかがでしょう。

ショスタコーヴィチについては、とても矛盾をはらんだ考え方をしています。彼の室内楽はすばらしいと思います。彼は伝統的な手法をもちいていますが、ずば抜けた才能とファンタジーを駆使して唯一無二のものを創作しました。誰にでもできることではありません。彼の置かれた状況はよく理解できます。彼はスターリン政権のもとで神経過敏になり、傷ついていました。彼の音楽も同様です。そもそもこのような極端な経験を音楽に変えることができるのは、偉大な音楽家だけです。しかし、後世に残る音楽であるかどうか、それは私には言えません。ショスタコーヴィチの交響曲第一〇番を演奏するのは好きでした。第八番もすばらしいと思います。第五番は緩徐楽章はすごいと思いますが、終結部には耐えられません。あまりにも仰々しすぎます。私には理解できないのです。《レニングラード交響曲》はいちども演奏したことがありませんね。

たしかにその運命は、深く私の心を動かします。しかしショスタコーヴィチは、ロシアに生まれ育ったかロシアで勉強したかした指揮者のための作曲家だと思います。マリス・ヤンソンスとかアンドリス・ネルソンスなら、ショスタコーヴィチを抜群にうまく演奏することができます。私がカペレにいた時代、ショスタコーヴィチは演目として好まれませんでした。シュターツカペレにとってショスタコーヴィチは、自分自身にせまる脅威をまとった東方の偉大な兄弟だったのです。この方向からは災いがやってくるだけだ、とカペレは感じていました。カペレはショスタコーヴィチを演奏することを嫌いましたが、客演指揮者がソ連からやってくるときはとりわけ嫌いました。たとえば一九六四年から六七年までカペレを率いていたかつての首席指揮者クルト・ザンデルリングが客演したときもそうでした。カペレにとって、ショスタコーヴィチはあまりにも政治的な意味が強すぎたのです。

いまではショスタコーヴィチはまず第一に、作品のなかに暗に政治体制への抗議をこめた反体制

主義者とみられています。当時ドレスデンでは異なった見方をされていたのでしょうか。

そのことについて私たちはいちども話をしたことがありませんが、私はショスタコーヴィチの音楽にある種の反撥《はんぱつ》があると感じました。きっとそのようにショスタコーヴィチの音楽を解釈することもできるでしょう。もちろんあからさまな反撥を作品で表現したのではありません。そんなことをするのはとても危険なことでした。ドレスデンでいちど、ソ連のチェリストとともにショスタコーヴィチのチェロ協奏曲を上演したことがあります。そのチェリストはチェロ協奏曲のなかに抗議の態度を感じていて、その抗議の態度を知らなければこの音楽を演奏することはできないと言っていました。ショスタコーヴィチの音楽から私に聞こえてきたのはなによりも「しかめっ面」でした。私はそれは道化芝居であり、にせものだと感じました。背景にある事情にあまりにも無知だったのです。

ショスタコーヴィチと同じソ連のストラヴィンスキーも仮面をかぶって作曲しましたね。

ええ、しかしぜんぜんちがった意味と関係においてね。《ペトルーシュカ》を聴くと、古典的な演劇ですね。政治とはなんら関係ないです。プロコフィエフも少しばかり演奏しましたよ。交響曲第五番はすばらしいと思います。あとめったに演奏されませんがピアノ協奏曲第一番も。《ロメオとジュリエット》組曲と同様に、交響曲第一番もよく演奏しました。もちろん二つのヴァイオリン協奏曲は彼の作品で最高のものに数えられます。マルタ・アルゲリッチとはピアノ協奏曲第三番を演奏しました。ピアノ協奏曲第二番もあまり演奏されない、まさにアクロバティックな作品です。プロコフィエフはとびきり腕のいいピアニストだったのでしょう。ドレスデンでの一五年は、信じられないほど多くのことを学んだすばらしい時期だったといわざるをえません。

どうして一五年なのですか？

一〇年間私は首席指揮者であり、その前の五年間は秘密の首席指揮者でした。その五年のあいだにも、カペレとは二〇回から三〇回のコンサートをおこない、それどころかカペレは私を団員の採用試験にまで動員したのですよ。一回目はトロンボーンのポストを埋めるためでした。三、四人の候補者が目の前で演奏するのを聴きました。諮問《しもん》会議で私はオーケストラのトロンボーン奏者たちにどう思うか意見を求めました。彼らはまず私の評価をききたいと言いました。とくにうまいと思う候補者はいなかったと答えました。まさにそれが正しい答だったのです。彼らは私を試してみたのです。採用試験はふつう候補者のうち適切な者をオーケストラが選ぶものでした。適切と認められた候補者のうち誰を採用するか決めるのが首席指揮者の仕事なのです。カペレの秘密の指揮者として私は演奏旅行をも引き受けたのでした。

東ドイツの政権は、ドレスデンの楽団員が西側の指揮者と演奏旅行に出ると、西側に亡命して居残るのではないかと懸念していませんでしたか？

カペレではそういうことはありませんでした。私がいた時期全体を通じて、誰ひとりとして姿をくらますことはありませんでした。ゲヴァントハウス管弦楽団では演奏旅行中に、西側で楽団員が行方不明になることがしばしばありました。シュターツカペレの楽団員は自分たちのオーケストラに大きな誇りをもつがゆえに、東ドイツでの生活に甘んじていたのです。

しかし、なんたることか。私は一九八五年八月三一日に退職したのですが、カペレは九月一日、ルツェルン音楽祭に赴《おもむ》き、そのとき二人の楽団員が逃げ出してしまったのです。悲しいことです！

なぜ一九八五年にドレスデンをお辞めになったのですか？

任期終盤はひじょうにいやな事態に陥っていました。国家がますます強く干渉してきて、オーケストラをさらに利用しようとしたのです。

私たちは毎年一回、西ベルリンで公演をおこなっていました。私たちにとってだいじな舞台でした。五人のヴィオラ奏者がまさにこの公演のおりに欠席するという事件が起きました。どこか海外で国家に外貨を稼いでくるために西ベルリン公演を欠席したのです。私は阻止したかった。文部省の担当幹部に掛け合って、私たちにはそのようなことはさせないでほしいと言いました。われわれが西ベルリンで最良の状態で演奏することがどれほど重要であるか説明しようとしたのです。その幹部はひどく立腹して、代理の演奏者を雇うべきだと言いました。そのうえ、脅すような調子で付け加えました。「ブロムシュテットさん、私たちは長いあいだ友好的な関係でいっしょに仕事をしてきました。その友好関係もこれまでです」。そのとき、ひょっとするとこれで終わりになるかもしれないと考えました。

もうひとつのポイントは、ようやく再開されることになったゼンパー歌劇場の再建問題でした。この件はひじょうにうまくいきました。しかしそれはもちろん、将来ふたたびオペラの公演がずっと増えるということも意味していました。カペレと何度かオペラはやってみて楽しかったのですが、いまやオペラが私にとっての中心的課題になろうとしていました。しかし私には主たる関心事ではなかったのです。いよいよ悪化してきた政治的雰囲気もあいまって、こうしたことごとが原因となり、サンフランシスコ交響楽団の申し出を受けようという気持ちになったのです。

シュターツカペレ・ドレスデンの首席指揮者時代は、ブロムシュテットさんの経歴で何を意味していましたか。

個人的、芸術的成長の決定的な転換がドレスデンで起きたのだと思っています。それ以前は北欧でしか活動していませんでした。そこでも多くを学びましたし、人々のことも大好きです。北欧のオーケストラはいまや卓越した水準にあり、彼らのもとに帰りたいとも思います。しかしシュターツカペレ時代は、私にとってそもそも通り抜けねばならない試練のときだったのです。

注

［1］―― 一九三三年三月七日、フリッツ・ブッシュによるゼンパー歌劇場での《リゴレット》の公演開始前に、ナチスの突撃隊が客席前方で「ブッシュは出ていけ！」と怒鳴った。これによりブッシュはゼンパー歌劇場から追放された。

［2］――正しくは「一九七三年」にカペレの「四二五周年記念」に出版された。
［3］――主題に変更を多々加えながら作品を構成すること。
［4］――Palast der Republik。一九七六年に建造され、二〇〇六年に解体された。

第2章

「静寂のなかで音楽は根をおろしはじめる」

コペンハーゲンにおけるレオニー・ソニング音楽賞授与

――サンフランシスコ交響楽団の首席指揮者、ハンブルクでの間奏曲、
ゲヴァントハウスのカペルマイスター

ヘルベルト・ブロムシュテットは、コペンハーゲンでレオニー・ソニング音楽財団が毎年授与している国際音楽賞を授与された。レオニー・ソニング（旧姓ローベール、一八九四〜一九七〇）は、デンマークの作家カール・ヨハン・ソニングの未亡人である。カール・ヨハン・ソニングの名にちなむ賞にはもうひとつ、デンマークのソニング賞がヨーロッパの思想への貢献を顕彰するためにあるが、国際音楽賞はこれとは別のものである。

レオニー・ソニング音楽賞の最初の受賞者は、一九五九年、作曲家のイーゴリ・ストラヴィンスキーだった。二〇一六年四月、この表彰を機会に、ブロムシュテットはコペンハーゲン・デンマーク放送交響楽団を指揮している。彼は一九六七年から七七年まで首席指揮者として同交響楽団を指揮しており、二〇〇六年には名誉指揮者の称号を受けている。ブロムシュテットはこの機会に公開マスタークラスを開催した。レオニー・ソニング音楽財団は若いデンマークの音楽学生を支援しているからである。ブロムシュテットが若い指揮専攻の学生たちとの接するしかたは、なごやかでユーモアにあふれていた。ブロムシュテットは受講生たちにたくみな質問を投げかけて、足りないところを気づかせる。若い人々と作業することにより、指揮をするにはじっさいどんなことが必要かが明確になる。

マスタークラスのあとで私たちは、二〇〇九年に開館したばかりのジャン・ヌーヴェル設計のコペンハーゲン・コンサート・ホールのなかにあるブロムシュテットの指揮者用楽屋で語りあった。ブロムシュテットはいつもと同じようにさわやかに、リラックスして話をしてくれた。

そもそもサンフランシスコは、外界から隔絶された東ドイツで首席指揮者として活動していらしたブロムシュテットさんに、どうして注目することになったのでしょうか。

＊

一九七九年、シュターツカペレの最初のアメリカ・ツアーのあと、アメリカからたくさんの招待を受けました。私は国際的なアーティスト事務所としては最大のもののひとつであるコロンビア・アーティスト・マネジメントとも契約していたのです。一九八〇年代中ごろ、いくつものアメリカのオーケストラが新しい音楽監督を探していました。たとえば、デトロイト、ピッツバーグ、ロサンジェルス、ミネソタ、そしてほかならぬサンフランシスコのオーケストラです。こうしたオーケストラがのきなみ私と契約したいと言ってきたのです。

デトロイトは絶対に住みたくないと思うほど、街にまるで魅力がなかったので論外。もちろんオーケストラはひじょうに優秀でしたけどね。ピッツバーグにかんしても似たようなものでした。そこにはすばらしいハインツ・ホールがありました。もともとは古い映画館でしたが、有名なケチャップ会社が出資してコンサート・ホールにしたのです。

当時まだライプツィヒのゲヴァントハウス管弦楽団の首席指揮者であったクルト・マズアが、アメリカ・ツアーのさい、サンフランシスコ交響楽団のディレクターであったピーター・パストレイチに私を推薦したのです。彼とは後年とても仲良くなりました。サンフランシスコのオーケストラは、ヨーロッパのスタンダードな曲目を指導してくれる音楽監督を求めていました。口さがない連中は、ゲヴァントハウスのカペルマイスターだったマズアが、東ドイツ国内のライヴァルだった私を厄介払《やっかいばら》いするために、大西洋の反対側に推薦したのだなどと言いました。人のしゃべることをなんでも鵜呑《うの》みにしてはいけません。サンフランシスコはすぐに私を魅惑しました。オーケストラがほんものの高性能アンサンブルであったからだけでなく、その地がすばらしい、文化ゆたかな街であったからです。サンフランシスコで仕事を始めてまもないころ、ピーター・パストレイチと散歩していると、ひとりのホームレスの男がこちらに向かってやってくるのです。とっさに後ずさりしましたが、その男は私に向かってなごやかに微笑みかけ、こう言いました。「マエストロ・ブロムシュテット、ようこそサンフランシスコへ」。このオーケストラは生活に根づいていて、新しい音楽監督が契約を結んだことをホームレスの人まで知っていたのです。

しかし、ブロムシュテットさんは当時サンフランシスコに転居されませんでしたね。

はい、家族とスイスに住み、スイスとサンフランシスコを往復しました。サンフランシスコでの最初の数年間は、オーケストラの役員だったあるご婦人のところに部屋を借りていました。彼女は幹部のひとりでした。アグネス・アルバート夫人はゴールデンゲイト・ブリッジを望む最高の場所に家をもっていたのです。ドレスデン時代にもスウェーデンからドレスデンに通っていました。当時、主たる住居はストックホルムにありました。というのも、下の娘たち――エリザベートとクリスティーナ――がまだ親もとに住んでいましたから。のちに私たち一家はルツェルンに移りました。祖国に住むことがばかげた税法上の問題を引き起こしたからです。

スウェーデンの財務省が、シュターツカペレ・ドレスデンで首席指揮者として一〇年間を通じて得た収入にたいし、過去にさかのぼってスウェーデンで納税しろと言ってきたのです。問題は、ドレスデンでの報酬はほとんど東ドイツ・マルク建てで支払われていたことです。東ドイツ・マルクは第一に西側諸国では無価値であり、第二に国外持ち出し禁止でした。そのため一〇年間、役所と法廷で争っていたのですが、弁護士がついにスウェーデンの二重課税法のなかに、この滞納税金を免除する条項を見つけてくれたのでした。しかし、その後すぐにその条項が変更になったので、私には選択の余地がなくなってしまいました。ドレスデンを辞めるか、スウェーデンを去るかの選択をせまられ、私はスウェーデンを去る決心をしました。ドレスデン時代、私は西側の世界で稼いだ収入で家族を養っていたのです。

ドレスデンの職務と並行して、ブロムシュテットは一九六七年から七七年までコペンハーゲンのデンマーク放送交響楽団の首席指揮者を、一九七七年から八三年まではストックホルムのスウェーデン放送交響楽団の首席指揮者を兼任していた。彼は東ドイツで支払いを受けたドレスデンの収入のうち一部を東ドイツの宗教団体に寄付した。そのうえ、さらに一部を書籍と楽器、とりわけ数多くのヴァイオリンの購入に投資した。長い年月にわたって彼は個人的な伝統をつくりあげた。首席指揮者として仕事をしたあらゆる場所で、そこを去るとき、記念に少なくとも一挺《ちょう》の良いヴァイオリンを買うのだ。長い年月をかけて、さまざまな品質の三〇挺ほどのヴァイオリンのコレクションができあがった。ブロムシュテットはベルリンの壁が崩壊した直後に、ライプツィヒでゲヴァントハウス管弦楽団の首席指揮者になったとき、楽団員の多くが質の悪い、あるいは中程度の楽器での演奏を余儀なくされていることに気づいた。東ドイツ時代にはそれより良い楽器をもつことはできなかった。それを見た彼は、自分のヴァイオリン・コレクションをゲヴァントハウスに寄贈することを思いついた。現在、ブロムシュテット・コレクションの楽器のうち七挺がゲヴァントハウス管弦楽団で毎日弾かれており、そのうちグァダニーニを第一コンサートマスターのフランク・ミヒャエル・エルベンが、リュポをコンサートマスター代理のヘンリク・ホッホシルトが弾いている。残りのヴァイオリンはゲヴァントハウスに置かれているが、一部はフェリックス・メンデルスゾーン・バルトルディ音楽大学の学生が借りられるようになっており、さほど高価でない楽器はライプツィヒのヨハン・ゼバスティアン・バッハ音楽学校で使用されている。

サンフランシスコではまた新しい文化がブロムシュテットさんを待っていましたね。

はい。そこでアメリカの音楽に浸《ひた》りました。サンフランシスコ交響楽団の前任者はエド・デ・ワールトで、彼は現代音楽の分野でじつに多くの貢献をしています。例をあげると、「コンポーザー・イン・レジデンス」〔作曲家に新作を委嘱するだけでなく、現地に招聘してさまざまな意見を出してもらう制度。またその制度によって招聘された作曲家のこと〕をつぎつぎに呼び、その作品を初演することを始めました。もちろん私はこの制度を継続しました。私が赴任《ふにん》したとき、ちょうどジョン・アダムズが「コンポーザー・イン・レジデンス」として呼ばれてきました。アダムズが確立したミニマル・ミュージックという音楽様式には、そもそも特別の関心はありませんでしたが、アダムズはすばらしい人物で、驚いたことにブルックナーとシベリウスの大愛好者でした。あとになって聞いたのですが、彼はスウェーデンにルーツがあったのです。「アダムズ」という名前は、スウェーデン語の「アダムソン」に由来します。私はアダムズのある作品がとても好きでした。バリトンと室内交響楽団のための《傷を癒《いや》す人〔包帯係〕》で、ウォルト・ホイットマンの同名の詩による作品です。サンフランシスコでは同時代の多くのアメリカの作曲家の音楽を演奏しました。たとえばチャールズ・ウォーリネン、ジョージ・パール、ロジャー・セッションズ、ジョン・ゾーンなどです。もう少し古い世代の作曲家たち——チャールズ・アイヴズ、アーロン・コープランドも演奏しました。

オーケストラ芸術顧問のマイケル・スタインバーグは、ピーター・パストレイチとならんで、とりわけ影響をあたえてくれた協力者であり話し相手のひとりです。スタインバーグはブレスラウ〔現ポーランドのヴロツワフ〕に生まれましたが、ユダヤ人であったために逃亡せねばならず、イギリスを経由してアメリカに来ました。有力な日刊紙『ボストン・グローブ』の批評家として怖れられた人物でした。ひじょうに高い理想をいだき、それが満たされないとひどくつむじを曲げかねないところがありました。まちがいなく、二〇年にわたってボストンで有力な評論家であり、それはまたセルゲイ・クーセヴィツキー、続いてシャルル・ミュンシュが首席指揮者を務めたボストン交響楽団の黄金時代でもありました。その時代ののち、スタインバーグはサンフランシスコにやってきたのです。往々にして否定的なことを言わざるをえない評論家としてではなく、もういちど建設的な面——つまりオーケストラに企画と顧問という立場で協力しようとしたのです。サンフランシスコ交響楽団のプログラム文芸部員になり、すばらしい本を書いて、私には毎回献呈の辞とともに贈ってくれました。

その文章はきわめて内容が濃く、客観的で、しかも楽しく読めました。

スタインバーグとはいっしょにコンサートのプログラムも組みました。あるとき《ヨハネ受難曲》の上演にあたり、スタインバーグはプログラム冊子に長大なエッセイを寄せたのですが、そのなかで聴衆にたいし、この作品に用心するようにと――いまならほとんど煙草の箱に印刷されているような警告を発しました。いわく、バッハは《ヨハネ受難曲》という偉大な音楽を書いたが、その台詞は慎重に受け止めるべきであり、書かれていることをけっして文字どおり信じないように、と。もちろん《ヨハネ受難曲》のなかのユダヤ人に敵対的な文言のことをさして言ったのです。聴衆だけでなく、オーケストラのなかにもたくさんのユダヤ人がいました。この原典批判は当時、私にはまったく新しいものでした。原典批判という意味で《ヨハネ受難曲》を深く考えたことはぜんぜんなかったのです。当時ドイツでもスウェーデンでもこのような議論はまったくおこなわれていませんでしたから。マイケル・スタインバーグからはじつに多くのことを学びました。彼は新しいアメリカ音楽にかんするアドヴァイザーでもありました。

一九九五年にこのオーケストラを辞職したとき、オーケストラは私を名誉指揮者に任命してくれました。現在にいたるまで毎年五回から一〇回のコンサートを振りにサンフランシスコに行っています。

なぜサンフランシスコをお辞めになったのですか。ハンブルクからの申し出の何が断りきれなかったのですか。

サンフランシスコでの一〇年間はすばらしい、実りゆたかな年月でした。しかし、なにごとも一〇年やったら変化があっていいと思うのです。同じところに長く居すぎるとマンネリが忍びこみかねません。

じつのところ、ハンブルクと私は昔の懐かしい思いで結ばれていたのです。ハンブルクは、ひとつには指揮者ハンス・シュミット゠イッセルシュテットと関係があります。「シュミッセ」とよばれていた彼は、一九四五年に北ドイツ放送交響楽団［創設時の名称は北西ドイツ放送交響楽団］を創設し、そのうえ、五五年以降はロイヤル・ストックホルム・フィルハーモニー管弦楽団も切り盛りしていました。それで私は彼と知り合いになったのです。一九五六年にはいわゆる「現代音楽国際協会フェスティヴァル」（略称ＩＳＣＭ）の「世界音楽の日」がストックホルムで開催されました。この毎年恒例のフェスティヴァルは、現代音楽の世界では重要な存在です。シュミット゠イッセルシュテットはそこにイングヴァル・リードホルムの作品をもって登場し、オーケストラとの下稽古を私にやってくれと依頼してきました。彼に信頼されたことは私にとって大きな意味をもつできごとでした。

一九六〇年代にシュミット゠イッセルシュテットが私をハンブルク北ドイツ放送交響楽団に招いてくれて、ふたたび彼とのコンタクトが生じます。私はハンブルクに行き、もともとシナゴーグだった建物でリハーサルをしました。そのシナゴーグは、エルプフィルハーモニー[1]が柿落《こけら》としをするまでオーケストラがリハーサルに使っていた場所です。しかし、当時高い演奏水準を誇っていたオーケストラは、なぜか私に満足してくれませんでした。私は悩みました。一九九五年になって、北ドイツ放送交響楽団総裁のロルフ・ベックからオファーがあったとき、そのときの雪辱がはたせると思ったものです。ロルフ・ベックは旧友で、彼がバンベルク交響楽団にいた時代からの知り合いでした。

でもね、ハンブルクにはもうひとつ私的な理由があって魅力を感じていたのです。というのも、妻がハンブルクの出身なんです。父親はデンマーク人、母親はスウェーデン人ですが、彼女はハンブルク生まれです。妻はスウェーデンに親戚がいて、戦後、転地療養のためにスウェーデンに送られました。当時よくあったことです。彼女と知り合いになったのはそのころです。

それなのに、またしてもハンブルクで問題をかかえるはめになったのです。一九九六年に仕事を始めるやいなや、ライプツィヒのゲヴァントハウスから派遣団がハンブルクにやってきて、クルト・マズアの後任としてゲヴァントハウスのカペルマイスターになってほしいとオファーしてきたのです。そうなるともう良心の問題です。もちろん、ハンブルクのオーケストラはライプツィヒのオーケストラよりはるかに良い状態にありました。ゲヴァントハウス管弦楽団は困難な年月を送っていました。ひとつには、ドイツ再統一が原因であり、もうひとつにはクルト・マズアの長すぎた在職期間が原因でした。マズアは三〇年近くもライプツィヒで活動していましたが、終わりのころはオーケストラとの関係はもはやあまり良好ではありませんでした。マズアとゲヴァントハウスがサンフランシスコに公演旅行で来たときに聴きましたが、ひどく失望したものです。

にもかかわらず、ブロムシュテットさんはライプツィヒの申し出を承諾なさいました。ゲヴァントハウス管弦楽団を引き受けるために、一年早くハンブルクをあとにされましたね。

この申し出ばかりはどうにも断ることができなかったのです。人生を通してドイツの音楽とオーケストラの伝統を崇拝しつづけてきたのですから。このオーケストラには、歴史の後光がさしていますしね。もちろん当時はシュターツカペレ・ドレスデンのほうが、演奏技術的・音楽的にはるかに高い水準にあったのですが、ゲヴァントハウス管弦楽団は東ドイツ時代、つねにシュターツカペレよりも優遇されていました。

それに加えてこんな話もしなくてはなりません。シュターツカペレと私は一九七六年にザルツブルク音楽祭に招待されました。ちょうど新しい首席指揮者としてシュターツカペレで活動を始めたばかりのころです。演奏はとてもすばらしい出来で、大成功でした。音楽祭からはぜひともまた招待したいと言われたのですが、不思議なことにその後数年間、まったく音沙汰がありませんでした。何年も後になって私たちのオーケストラの総裁が直接ザルツブルクで問い合わせたところ、音楽祭は何年間も私たちを招待しようと骨を折ったのに、徒労に終わったとのことでした。オーケストラが国外に演奏旅行をするときはいつも、ドイツ民主共和国の国立中央芸術家派遣局が許可を出すのですが、ザルツブルク音楽祭の問い合わせにたいし、シュターツカペレは残念ながら行くことができない、しかしゲヴァントハウス管弦楽団ならいつでも喜んで参加できるという返事がなされていたのです。私たちにはたったのいちども連絡がなかったのですよ。国立中央芸術家派遣局の決定には、一方では実務的な理由がありました。ゲヴァントハウス管弦楽団は当時もいまも、シュターツカペレよりもはるかに規模が大きかったのです。オペラ劇場でもトーマス教会でも演奏していましたからね。だからこそライプツィヒの本拠地で演奏を続けながら、別のチームがザルツブルクでコンサートをおこなうことができたのです。

しかし、私たちがザルツブルクに行かせてもらえなかった決定的な原因は、まったく別のところにありました。ゲヴァントハウス管弦楽団はクルト・マズアという一〇〇パーセント東独出身の指揮者が率いていましたが、それにたいして私のことはもしかすると、資本主義の外国の怪しい奴ではないかとみられていたのです。当時「人間の屑《くず》のようにあつかわれる」というドイツ語の表現を覚えました。というのも、カペレは自分たちのことをそう感じていたからです。彼らも外貨を持ち帰るから大目に見てもらえたのですが、ゲヴァントハウス管弦楽団のほうが優先でした。

ライプツィヒからオファーが来たとき、これは「ノー」とは言えないなと感じました。しかし、このことをどうやってベック氏に伝えたらいいだろう。じじつ、ベック氏はしばらくのあいだ私の決心に気分を害していました。なによりも私が新しいマネージャーのロタール・シャッケのすすめで、ライプツィヒとの契約にサインをしてしまってからベック氏にこの話をしたからです。ロルフ・ベックも、以前北欧のオーケストラとドレスデンを引き受けていたときのように、私には両方のオーケストラを掛け持ちしてほしくなかったのです。そのときは、掛け持ちしてもトラブルなんてぜんぜん起きませんでした。二つのオーケストラはとうていライヴァルになどなりえませんでしたから。ロルフ・ベックの目にはハンブルクとライプツィヒはあまりに近すぎると映ったのです。彼は私が予定よりも早くライプツィヒに行くことを望んだので、一九九八年、私はゲヴァントハウス・カペルマイスターに就任しました。ベック氏とはその後まもなくふたたび親友にもどり、私はいまや毎年喜んでハンブルクに帰っています。失ったものをもういちど埋めなおすためにね。

ハンブルク北ドイツ放送交響楽団ではリハーサルはけっして簡単ではありませんでした。このオーケストラのゆったりした、やたら興奮しない流儀はとても好ましいものですが、仕事となればそうは言っていられません。ドレスデン、ライプツィヒ、サンフランシスコでは楽団員はリハーサルの始まる直前に来て、リハーサルの一分前にチューニングをすませると、これからどんなリハーサルが始まるのだろうと好奇心いっぱいで、期待感に満ちた緊張感がオーケストラから生じていました。しかし、こんなことを強制するわけにはいきませんからね。

シュターツカペレ・ドレスデンとライプツィヒ・ゲヴァントハウス管弦楽団はドイツの二大伝統オーケストラとしてつねに競争しあっていました。ドレスデンでの経験のあと、どんな気持ちでゲヴァントハウス管弦楽団に向かわれましたか。

ライプツィヒではまず多くのことを切り替えなくてはなりませんでした。先任者のクルト・マズアは私とはまったく異なったやり方をしていました。マズアは三〇年近くも専制君主としてゲヴァントハウス管弦楽団のすべてを決めていました。掃除人の契約にいたるまで彼がやっていたのです。指揮者としても、私とはまるで異なる気質の持ち主でした。マズアは権力的で、絶対的服従を求めました。多くの人、ことに聴衆にとっては、それは強さの象徴としてとても好ましく受け止められました。しかし、独裁体制は長く続けばその威力を失ってしまうものです。だからマズアのゲヴァントハウス管弦楽団での最後の数年間はひじょうに問題が多かったのです。

マズアは他の分野では最善をつくすことができました。ゲヴァントハウスの建物の建築者として、またドイツ再統一に向けた転換期においては平和的な忠告者[2]として。そのことが彼を国家的英雄に祭りあげました。また、ニューヨーク・フィルハーモニックに招聘《しょうへい》され、一九九一年から首席指揮者となったことも、彼には天のめぐみでした。この時代に彼はずいぶんと変わりました。以前より温厚に、また民主的になりました。彼のもうひとつの面が開かれたのです。ゲヴァントハウス管弦楽団がとても長い年月いっしょにやったあげく、背を向けてしまったことは、マズアには当時ひどくつらいことだったにちがいありません。しかし、オーケストラと首席指揮者という関係ではもうやっていけなくなっていたのです。

ライプツィヒでは多くのことを変えなくてはならなかったとおっしゃいましたね。具体的にはどういうことですか？

ゲヴァントハウスは帝国のようなものです。三〇〇人の従業員が働いており、私がオーケストラを引き継いだときは二〇〇人の楽団員がいました。ドイツ再統一の少し前には、かなり強引なやり方で楽団員を一五人増員しました。もっと外貨を持ち帰らせ、［西側への］演奏旅行をさらに多くできるようにです。この決定の動機となったのは、下劣で芸術性のかけらもない国家論理でした。しかし、組織という有機体をそこなうことなく、お手軽に新しい楽団員をオーケストラに加えることはできません——とりわけ、大急ぎで雇われた楽団員がみなきわめてレヴェルの高い人たちというわけではなかったのですから。むろん、オペラとコンサート、そしてトーマス教会で同時に演奏をおこなうからには、オーケストラは大きくなくてはなりません。ドレスデンでは現在一シーズンに一〇〜一二回のオーケストラ・コンサートをおこなっていますが、ライプツィヒでは三〇〜三五回のオーケストラ・コンサートおよびオペラの上演、そして毎週日曜日にはトーマス教会でのバッハのカンタータの演奏があります。このような多彩さと定期的にバッハを演奏することは楽団員にとても良いものです。

私はマズアが担当していたさまざまな職務をすべて引き継いだわけではありません。私はゲヴァントハウス・カペルマイスターであり芸術監督でしたが、それだけを引き受けたのです。管理業務は拒否し、総裁のポストを設置してほしいと求めました。そんなわけで、私の最初の職務行為は総裁になる人を探すことでした。アンドレアス・シュルツはシュレスヴィヒ＝ホルシュタイン音楽祭で仕事をしていらいの仲で、私は彼を高く評価していました。彼の総裁在任中、私たちの仕事はきわめてうまくいきました。彼には意識的に自由な活動の余地をあたえました。私たちの理想とするものはよく似ていて、以前は知りませんでしたが、個人的にも共通点がいくつかありました。彼の父親も牧師だったのです。たくさんの娘をもつ父親でもありました。この点では彼のほうが私より上です。というのも、シュルツには五人の娘さんがいますが、私のほうはたった四人ですから。

総裁を任命することにより、ブロムシュテットさんには芸術的に重要なことがらに集中する余裕ができましたね。芸術分野でのもっとも大きな変更は何でしたか。

まず第一に、古いドイツ式のオーケストラ配置をふたたび導入したことです。第一ヴァイオリンと第二ヴァイオリンは、こんにちどこでもおこなわれているアメリカ式の配置とは異なり、隣どうしに座るのではなく、おたがいに向かいあって座ります——それが重要なのです。左外側に第一ヴァイオリンが、右外側に第二ヴァイオリンが座ります。第一ヴァイオリンの隣にコントラバスが配置され、まんなかにチェロ、第二ヴァイオリンの隣の内側にヴィオラが来ます。

一九世紀の作品はこの配置のためにのみ書かれているので、この配置で演奏しなくてはならないのです。この配置では対話的原則が基礎となります。第一ヴァイオリンと第二ヴァイオリンはおたがいに対話を交わすように演奏します。だからこれは音響の問題というよりは、作品の音楽的構造を強調するものなのです。第二次世界大戦までは、つねにこの古い配置で演奏がおこなわれました。私が若いころにはこのドイツ式配置を使う指揮者は少なかったのです。ルドルフ・ケンペがそのひとりで、ハンス・クナッパーツブッシュもそうでした。そのほかのすべての指揮者――たとえばカール・ベーム――はアメリカ式の配置で演奏させました。アメリカ式配置というのは、第二ヴァイオリンが第一ヴァイオリンの隣に座り、その隣にヴィオラが続き、チェロは右外側に、その後ろにコントラバスが座ります。すでに若いころから、この配置は私の良心にはあいいれないものだったのですが、長いあいだあえて変更することができませんでした。というのも多くの場合、楽団員はそうした変更を望まなかったからです。ドレスデンでは妥協的解決法をとりいれました。シュターツカペレ・ドレスデンはウィーン・フィルのような形態で演奏しています。ヴィオラは右外側、しかし第二ヴァイオリンは左内側、つまり第一ヴァイオリンの隣に、そしてチェロは中央に位置します。こんにち、クリスティアン・ティーレマンもまたドイツ式配置を優先しているように思います。私はすでにサンフランシスコで、ドイツ式の配置をふたたびとりいれはじめていました。そしてライプツィヒでは試行錯誤のすえ、それを押しとおしたのです。

この配置はオーケストラの団員にとっては何が不都合なのでしょうか？

第二ヴァイオリンは、第一ヴァイオリンの隣に座れば楽ができるのです。まるでダンスをするときに男性のパートナーに体をあずけ、リードしてもらうように演奏できますから。ドイツ式の配置では、第二ヴァイオリンのいちばん端の奏者は、ひょっとすると第一ヴァイオリンのいちばん端の奏者から二〇メートルも離れているかもしれません。第二ヴァイオリンはもっと自己責任を負わねばならないのです。また、第一ヴァイオリンと第二ヴァイオリンが隣どうしに座るとステレオに聞こえませんん。空間的に分かれていれば対話的なものが表に出てきます。というのも、音の色彩がまさに同じだからです。昔は弦楽四重奏でも、第一・第二ヴァイオリンは向かいあって座っていたものです。いまは隣あって座っていますけれどね。当時弦楽四重奏の演奏者は左から右へ、まずヴァイオリン、チェロ、ヴィオラ、第二ヴァイオリンの順に座っていたのです。それは対話的な原則を有効に働かせるための最大限のコントラストの型なのです。スコアをちょっと見れば、なぜそうでなければいけないのかわかります。

例をあげていただけますか。

きわめて明白なのは、チャイコフスキーの交響曲第六番《悲愴》のフィナーレです。この楽章の主要主題——ヴァイオリン群が切々と嘆くように奏でる下行する旋律線では、第一ヴァイオリンと第二ヴァイオリンが交互にひとつの音を出すようにできています。チャイコフスキーはそのようにしてこの悲嘆が引き裂かれたように途切れとぎれに吐露されるさまを表現したのです。息のつまるような嗚咽《おえつ》なのです。ヴァイオリン群が隣どうしに座ると、平坦な下行ラインだけが表出されて、息のつまるような嗚咽という理念は壊れてしまいます。ダニエル・バレンボイムもシカゴ交響楽団の首席指揮者として、ドイツ式配置を《悲愴》を演奏するために導入しました。そして彼はこの配置を以後も使いつづけました。かれこれするうちに、シカゴ交響楽団はまたアメリカ式配置で演奏しています。ちょっとばかり頑固でないといけないのです。サンフランシスコでは楽団員が承諾するまで、オーケストラと長いあいだ話しあいました。ゲヴァントハウス管弦楽団とは、仕事を始めるまえからそのことを話してありました。彼らは最初は大反対しましたが、楽団長が味方になってくれて、そのおかげでこの配置を押し通すことができました。後任者のリッカルド・シャイーがこの配置を維持してくれたのは、もちろんとてもうれしいことでした。それどころか、最近では客演指揮者用の契約書にこの配置について記載されているほどです。客演指揮者もこの配置を受け入れなければならないというわけです。

ヨーロッパの伝統オーケストラにくらべてずっと若いアメリカのオーケストラは、二〇世紀初頭、まだドイツ式の配置で演奏していたのでしょうか。

もちろんです。最近アルトゥール・ニキシュの指揮するボストン交響楽団の写真を見ました。あるいはアルトゥーロ・トスカニーニの若いころの演奏を聴いてみてください。そこではいつもオリジナル配置をしています。コントラバスは第一ヴァイオリンの左隣に座っていますが、それは一七世紀の通奏低音の伝統に由来するのです。当時は上声（高声部）とバスはいっしょに記譜され、のちの時代になってようやく中声域が書き加えられるようになったのです。第一ヴァイオリンを左外側、第二ヴァイオリンを右外側に、しかしチェロとコントラバスは右内側に位置して、ヴィオラは第一ヴァイオリンの横に来るという変形《ヴァリエーション》でしたら許容範囲内です。この配置ならヴィオラが聴衆のほうを向くという長所があります。正規のドイツ式配置ではヴィオラは聴衆に背を向けるかたちになりますから。とにもかくにもだいじなことは、第一ヴァイオリンと第二ヴァイオリンが正確に同じ強さになるよう配置されていることです。

いつごろアメリカ式の配置がオーケストラに導入されるようになったのですか?

レオポルド・ストコフスキーが一九二〇年代、放送用に演奏したり、レコードの録音をしはじめたときにフィラデルフィア管弦楽団にとりいれたのです。というのも、第一ヴァイオリンと第二ヴァイオリンが一〇〇パーセント完璧に合っていないと、マイクがそれをきわめて明瞭に記録してしまいます。第一・第二ヴァイオリンが隣どうしに座っていないとごくわずかなずれが生じる可能性があるのです。そんなずれはホールでは聞こえませんが、マイクを通すとわかってしまうのです。そのため、第一・第二ヴァイオリンをさっさと隣どうしに座らせたのです。すべてが正確に合致することが、あたかも音楽において最高にたいせつなことだとでも言わんばかりにね。完璧であることは芸術的問題としてはめざすに値することですが、この完璧主義の考えはまったく外面的なものであり、非芸術的で、いずれにせよ音楽的なものではありません。皮肉ではありませんか。作品のなかにはじめからある純粋に音楽的なステレオの原則に逆らう方向で、ステレオの原理を追究するなんて。

それなのにこの配置が受け入れられ、それは偉大で進歩的な発明だともてはやされたのです。みながこの新しい配置をすぐさま受け入れ、まるで山火事のようにひろがっていったのです。このようにして根本的な音楽的原則を犠牲にしたのです。ただ合奏を楽にするだけのためにね。

技術的手段を芸術的目的より優先することは、さまざまな領域でおこなわれてきた開発の方法だと思います。二〇世紀にはそれが音楽の解釈にまでおよび、演奏がますます平板になってしまうこともありますね。

そうです。このことをストリームライニング（合理化）といって、こんにちさまざまなかたちでみられますが、とりわけ録音技術に顕著ですね。CDの録音ではふつう、リヴィング・ルームで聴きやすいように強弱のピークを抑えます。コンサートではフォルティッシモで演奏される箇所を録音では少し音量を落とし、逆にピアニッシモの音は大きくします。となると、すべてがメゾフォルテに向かうことになります。なんらかの理由でそうならざるをえないのでしょうね。そうなると指揮者としては口出しをする余地はありません。

アメリカ式のオーケストラ配置は私には短所しかないように思えます。アメリカ式にすると第二ヴァイオリンは意味を失って事実上二番手になり、純然たる伴奏にまで地位が下がります。そうすると、オーケストラの規模を小さくするのに好都合な根拠としてまたしても利用されかねません。こういった流れをもとに戻すにはひどく時間がかかります。それがこんにちではもうまったく問題ではなくなったのです。第二ヴァイオリン奏者は第一ヴァイオリン奏者とまったく同じく卓越した楽団員です。第二ヴァイオリンは、たとえ第一ヴァイオリンと隣どうしで座っていなくても完璧な合奏ができるのです。第二ヴァイオリンは自立し、第一ヴァイオリンと同じ権利を手にしたことを喜んでいるのです。

おっしゃることによりますと、ブロムシュテットさんがゲヴァントハウス管弦楽団を引き継がれたとき、オーケストラは演奏技術的に最良の状態ではなかったということですね。再度レヴェルアップするためにどのようになさいましたか。

多くの楽団員がじゅうぶんな実力をもっていなかっただけのことです。誰がどこで演奏してよくて、誰がしてはいけないのか、きっちりと注意しなくてはなりませんでした。それはふつう、個々の楽器グループが内輪で決めることで、楽団員はそれをしっかり責任をもってやります。ふつう首席指揮者はそういうことに干渉したがらないものですが、そうも言っていられないときもあります。慎重にやらなくてはなりません。楽器のグループはとてつもなく大きかったので、あまりじょうずではない楽団員をさほどめだたない位置に配置するだけの余裕がありました。次から次へと新しい楽団員が入ってきました。しかし、その状態が本質的に変わったのは私がやめてからのちのことでした。そうこうしているあいだに、当時オーケストラで演奏していたほとんどの楽団員は定年退職しました。いまやオーケストラはとても優秀な若い楽団員からなりたっていて、オーケストラにはすばらしい雰囲気が満ちています。こんにちゲヴァントハウスの団員はふたたび、彼らがまさにほんらいあるべき高みにあります。彼らの演奏の豊かさには驚くばかりです。楽団員はかつてより良くなっています。

当時ライプツィヒでは、彼らがふたたび自由に音楽をすることができるようにするのがいちばんむずかしいことでした。楽団員はクルト・マズアに教練されていたのです。楽団員はもちろんマズアの気質も高く評価していて、後期ロマン派のレパートリーでは大いに感銘をあたえました。それはマズアの世界であり、その暗くて重い響きは典型的なゲヴァントハウスの音だと誤解されてしまい、褒《ほ》めたたえられたのです。これを治す特効薬は、モーツァルトとハイドンをもっと演奏することだけでした。というのも、モーツァルトとハイドンを演奏するときはひじょうに正確なアーティキュレーションが必要で、力と効果にばかり頼っていてはいけないからです。いまやライプツィヒの楽団員は、まことに細やかな神経とニュアンスをもって演奏することができます。たとえば、コンサートマスターのフランク・ミヒャエル・エルベンは、非凡な技術をもつと同時に深みのある音楽家です。エルベンはこのオーケストラの新しい響き、細やかな感情と超絶技巧を兼ねそなえた響きを代表しています。

ブロムシュテットさんが着任されてまもないころ、オークストラはたしかにきれいに掃除をしたばかりのように響いていたことを思い出します。つい先ほど、典型的なゲヴァントハウスの響きだと誤解されてしまった音についてお話しになりましたが、ブロムシュテットさんからみて、よくいわれる「ドイツ的な響き」とはどんなものですか？　そういう響きはそもそも存在するのか、それとも神話なのでしょうか？

それはひとつの集合概念です。ドイツ的な響きというのは、ヴィルヘルム・フルトヴェングラー、アルトゥール・ニキシュ、フリッツ・ブッシュ、エーリヒ・クライバーから連想される響きです。音響にかんする問題はテンポの観念と強く関連しています。ドレスデンではワーグナーに由来する伝統がひじょうによく保たれていて、フルトヴェングラーも後年そこによりどころを求めました。フェリックス・メンデルスゾーンの影響を受けてかたちづくられたライプツィヒの伝統とは対照的です。メンデルスゾーンはワーグナーとはまったく異なるテンポを好みました。メンデルスゾーンはどちらかというとオリジナルのテンポを尊重しました。ワーグナーにとっては音響がもっとも重要でした。特定の音響のイメージを紡《つむ》ぎ出すためにもし多くの時間を要するとすれば、ならばまさにその時間をかけるべきである、と主張していました。作曲家の言うことは、この視点に立てばあまり重要ではないということです。それは二つの異なる理想です。メンデルスゾーンは速くてしなやかなテンポを好みました。逆にワーグナーは、ベートーヴェンのアダージョはどんなにゆっくり演奏してもじゅうぶんといえないと言いました。ゆっくり演奏しても、とても美しいものが聞こえてくる可能性はありますが、にもかかわらず私は同じようにはやることができません。私にとって、作曲家はつねに解釈より上位にあるものだからです。

ライヴァルどうしである双方の審美的立場は、現代のもっとも若い指揮者層にまで大きな影響をあたえていますね。ブロムシュテットさんは、ワーグナーに始まりフルトヴェングラーにまで続く、音色を最重視する伝統の何がお気に召さないのでしょうか。

フルトヴェングラーは音色がテンポを決定すると言っています。彼の言うことはわかりますし、私自身もときにそういうふうにすることがあります。たとえば、ひとつの楽節から次の楽節に移るとき、大きなリタルダンドをかけてそれを際立たせることができます。リタルダンドが楽譜に書かれていても、書かれていなくてもね。ちがったやり方もあります。テンポを動かさないで大きなディミヌエンドを加えるのです。このあたりは音楽家の良心が決めるべきことです。演奏習慣の研究を軽んじれば、もちろんテンポをまったく思いのままにすることができます。でも、私はその点ではちがった態度をとります。私はまさに最初から、あまりにも音楽学者的でありすぎたのです。楽譜に書かれたことに敬意を払いすぎるほどです。ときにはそれが原因で良心がむずかしい問題をかかえることもありました。たとえば、私はオイゲン・ヨッフムをずっと尊敬してきました。人物としても、またブルックナー解釈者としてもまったく特別にね。すると、ヨッフムがとりわけ原典に忠実ではないということに気づいたのです。それはヨッフムがブルックナー交響曲の新全集をまだ知らなかったからです。ヨッフムは一九三五年までフェルディナント・レーヴェとフランツ&ヨーゼフ・シャルク兄弟による、多くの改竄《かいざん》のほどこされた版しかもっていませんでした。もちろんロマン主義の音楽では、テンポは柔軟でなければなりませんが、それでもなお、あたえられたテンポを恣意的に動かしてはいけません。ブルックナーで「もっと静かに」と指示されているとき、テンポを上げてはいけないのです。

音楽にとって真実と美は、たがいに永遠に葛藤しあうものなのでしょうか。

作曲家が感じたとおりに音楽を表現しようという大志をいだくなら、ある種の義務を負うことになります。フルトヴェングラーはベートーヴェンを、楽譜に書かれた半分に落としたテンポで演奏したことがありました。それはときにはみごとな響きとなりました。でも、そういうことをしてはいけないのです。ある箇所でテンポを思いきって動かしてしまうと、それがあとあとまで影響して、全体の首尾一貫性がそこなわれます。というのも、テンポというのは速いとか遅いということだけをいうのではないからです。テンポにはもっとたくさんの問題が関連しています。たとえば運弓とか。どのような弓づかいを選ぶかは、またしても直接フレーズのアーティキュレーションと関連します。そしてこのアーティキュレーションが音楽的特性をかたちづくるのです。

ブロムシュテットさんはご自身を、指揮者としてメンデルスゾーンの伝統に属すると考えられていますか？

ええ、もちろん。ドレスデンではワーグナーの伝統のなかで成長しましたがのちにやめてしまいました。

新しい版の楽譜には校訂報告書がついていて、それを読むと校訂上の決定の背景に何があったかがすべてわかり、それにあたってみることができますから、もはや以前のようになにも知らずに演奏しないでもすむようになりました。

ライプツィヒとドレスデン双方の伝統的オーケストラのちがいについてお聞きしましたが、両者を結びつけるものはありますか。

なによりもまず、ライプツィヒとドレスデンの聴衆はおたがいによく似ています。すばらしい聴衆であり、行儀がよく、とてもよく聴き、きわめて静かです。東ドイツ時代はさらに集中力が強く、演奏が終わってもすぐには拍手が起きなかったことがそれをものがたっています。まず静寂が支配したのです。華々しく沸き立つストレッタで終わる作品のときでも静まりかえっていました。聴衆は音楽がまだ鳴り響いているように感じて、拍手などといった下品な表現でもって感銘が破壊されてはならないと感じていたのです。そういう聴衆の態度はもちろん演奏者をことのほか刺激するものです。その後ようやく拍手が始まり、鳴りやまなくなるのです。

アメリカでは事情はまったく異なります。アメリカでは拍手はあっという間に終わり、みなが駐車場へと急ぎます。ドレスデンとライプツィヒではもっとゆっくり時間をかけるのです。こんにちではそうした沈黙とそれに続く大喝采は他の街ではもうほとんど体験できなくなりました。でも、ドレスデンではまだ体験できます。それは祈りの雰囲気に似たものがあります。いまブラームスが語った。それどころか、ひょっとすると神様が何かを語られたのかもしれない。よく聴かないといけない。もしかすると私は戯言《たわごと》を言っているのかもしれません。でも、演奏のあとの雰囲気はそれに似ています。このことを考えると、預言者エリヤの話を思わずにはいられません。エリヤはホレブ山で主の前に歩み出ようとしました。嵐が轟音《ごうおん》を立てて通り過ぎていった。そして神は嵐のなかにはおられなかった。すると地震が起きた。そして火事が起きた。神はいずれのなかにもおられなかった。とうとうエリヤはとてもやさしい、かすかなささやきを聞いた。そこでエリヤはマントに身を包み、このささやきのなかに神様が隠れていらっしゃるのだ、と知った。[3] これは美しいシーンです。神様の声を聞くには静かでないといけないのです。ドレスデンとライプツィヒの聴衆の静かさもそのように感じられます。もういちど聴きたくて聞き耳をたてているかのように思えます。音楽が終わってそくざに拍手をするようなとき、たいていは熱狂にのみ身をゆだねているにすぎません。仮にその熱狂が真正なものであったとしてもです。静寂のなかで、音楽は聴衆のなかに根をおろしはじめるのだと思います。

それは夢と似ていますね。もしめざめてから夢をしっかり心に留めておこうとするなら、しばらくは夢うつつのなか、静かにしていなければいけません。すぐにラジオを点《つ》けたり、しゃべりはじめたりすると、夢のイメージは消え失せて、もうつかまえることができませんから。

ステージの上にいるわれわれ音楽家にとっては、背後で起きていることが気にならないわけではありません。指揮者は聴衆に背を向けて立っていますけれども、いつもホールのなかで聴衆を確認しているのですよ。演奏中は他にも多くのことに注意しないといけないのに、演奏中にそのうえまだ聴衆の様子を確認できるなんて驚きです。

それで、静かなのは聴衆が音楽に集中しているからなのか、気分が散漫になって、心のなかで「明日のために何を買って帰ろうか」と考えているからなのかわからなくても、現実に差はあるのですか？

あるいは、聴衆がぽかんと口をあけて音楽家に見惚《ほ》れているか――。そうですね、静けさにもいろんな種類があります。ゲオルク・クライスラー、いやユーディ・メニューインだったかな、まぁどっちでもいいのですが、こんな話をご存知ですか。道を歩いていて魚屋に通りかかった。ショーウィンドウには死んだ魚がずらりとならんでいます。ぽっかり口をあけてね。「あぁ」と言って男は思い出すのです。「今夜コンサートがあるのだ」と。

注

［1］――エルプフィルハーモニー（Erbphilharmonie）は二〇一七年完成したコンサート・ホールの名称であるとともに、NDRエルプフィルハーモニー管弦楽団（旧ハンブルク北ドイツ放送交響楽団）の名称でもある。

［2］――一九八九年一〇月九日におこなわれた統一を求める市民のデモにたいし、警察と軍が銃口を向けて鎮圧しようとしたとき、マズアは東ドイツ政府に武力ではなく、平和的解決を求める手紙を書き送った。それにより、マズアはドイツ再統一に寄与した者として国民的英雄となったことをさしている。

［3］――旧約聖書、『列王記上』19。

第3章

「子どものころから、ちょっと変わっていた」

ヴェルムランドへのドライヴで

——幼年時代、家族、若いころの音楽的感動ヘルベルト・ブロムシュテットは夏の数週間をスウェーデンですごし、ひなびたヴェルムランドへのノスタルジックな小旅行を楽しみにしている。スウェーデン西部のヴェルムランドは、子どものころ家族全員で祖父母を訪ねて休暇を過ごす場所だった。われわれは親戚の車を借りてそこへ向かった。車中ではたっぷりと話をする時間があった。はてしなく森と湖が続き、ありとあらゆるヴァリエーションで緑の光を放つこの風景を、ブロムシュテットは愛している。それは人を詩人にする風景だ。

ドライヴ中はヘラジカと衝突しないようにと注意を受けた。ブロムシュテットは素早く、しかし音をたてずに森を行くその巨大な動物が好きだ。もちろん自分と同じく菜食主義者だからというわけではないが。私たちはじっさい、ドライヴ中にヘラジカに出くわした。ヘラジカは驚いて、まるで石になったように道端に立ちすくんでいた。

＊

ブロムシュテットさんは、一九二七年マサチューセッツ州スプリングフィールドにお生まれになりました。スウェーデン人を両親にもち、アメリカ国籍のほかスウェーデン国籍を得られましたね。ご両親はどういう経緯があってアメリカで生活されていたのでしょうか。

一九世紀の後半は、大量の移民がヨーロッパからアメリカに渡った時代でした。人々は「新世界」で経済状況を向上させたいと望んでいました。スウェーデンではアイルランドほどの過酷な飢饉《ききん》は起きませんでしたが、一八六〇年代には何度かひどい凶作が起き、農民はことのほか苦しみました。母の両親は田舎のヴェルムランドからアメリカに移民し、コロラド州デンヴァー近郊に農家として定住したのです。母アリーダ・トールソンはその地で一八九九年に生まれました。父アドルフ・ブロムシュテットはその一年前にスウェーデンで生まれています。父はわずか一三歳のとき、両親を重病で失い、一四歳で孤児としてアメリカに渡りました。先にアメリカに移住していた叔父が学費を払ってくれたのです。私が生まれたとき、父はセヴンス＝デイ・アドヴェンティスト教会［安息日再臨派］に属する自由教会の牧師をしていました。

ご両親はどのようにして知り合いになられたのですか？

母はコンサート・ピアニストでした。当時シカゴで大学に行っていて、近くにあった北欧出身の生徒だけが通うアドヴェンティスト教会の学生寮のひとつに住んでいました。この学生寮に父もやってきて、母と知りあったのです。父はたいへん美しいテノールの声の持ち主で、歌うことがとても好きでした。父が歌うとき、母はむろん理想的な伴奏者になりました。おそらくそれが馴れそめでしょう。二人は結婚し、まだニュー・イングランドにいた時代に二人の息子をもうけます。一九二四年に兄のノルマンが生まれ、三年後に私が生まれました。でもアメリカのことはぜんぜん覚えていません。というのも父が、アドヴェンティスト教会の教区の命によってスウェーデンに呼びもどされたのは、私がまだ二歳のときだったからです。

私たちはニューヒュタンに移りました。そこにはアドヴェンティストの伝道学校があり、父は将来の牧師を教育していました。まもなくフィンランドのヘルシンキ近くに移りました。父はとある教区の教区長となったのです。私はその地の学校に行くようになり、家族は計五年間フィンランドで暮らしました。その時代のことはよく思い出すことができます。私はすでに字が読めたので一年生を飛び級して二年生になりました。私が退屈してしまうだろうと先生方が心配してくれたのです。そんなわけで私はほかの子たちより一年幼く、かなり瘦《や》せた少年でした。校医が年一回の健康診断のときにくれた紙をまだもっていますよ。もっとたくさん食べて、ときおりコップ一杯の生クリームを飲むようにと書いてあるんです。

けっして楽な時代ではありませんでした。一九三〇年代、スウェーデン人はフィンランド人にはあまり好かれてなかったのです。フィンランドは六〇〇年以上にわたってスウェーデン王国の属州でした。一八〇九年からはロシアの属州となり、一九一七年になってようやく独立を勝ち得たのです。私たちは一九三二年にヘルシンキ近郊に移ったので、フィンランドが独立してそう長くはなかったのです。文化はことごとくスウェーデンの指導下にあり、国民はスウェーデン語を話し、フィンランドの国民的作曲家ジャン・シベリウスもスウェーデン語しか話しませんでした。学校ではもちろんフィンランド語を勉強しなくてはなりません。でも、あまり好きではありませんでした。フィンランド人の子どもが怖かったのです。しゃべるだけで正体がばれました。私はスウェーデン語を訛《なま》りなしで話せたのですが、他の子どもたちはスウェーデン語をフィンランド訛でしゃべったからです。だから私はスウェーデン人であることを隠すことができませんでした。ほんとうに受け入れられていたわけではなかったのです。ほかのスウェーデン人の子どもたちも同じでした。ときには威嚇《いかく》されたこともあります。フィンランド人の男の子が、下校時に手にナイフを持って追いかけてきたので、彼らから逃れるために家の門に隠れました。私のアウトサイダー的状況は、安息日に学校に行かなかったのでさらに深刻なものとなりました。

アドヴェンティスト教会の信者は、ほとんどのキリスト教徒のように日曜日に安息日を祝うのではなく、聖書での七日目、つまりこんにちの土曜日を安息日として聖なる日と考える。ユダヤ教と同じように安息日は金曜日の夕方に始まり、土曜日の夕方に終わる。信心深いアドヴェンティストには、いかなる労働も禁止されている。ヘルベルト・ブロムシュテットは人生を通して、仕事としてのリハーサルを土曜日にはおこなうことはなかった。

土曜日に会話を交わすときは、私のレコーダーはオフのままである。また、金曜日の夕方や土曜日におこなわれるコンサートは、彼にとって仕事のカテゴリーには入らない。それどころか、キャリアのかなり早い時期に、彼はコンサートというものを広義の礼拝とみなす決心をしたのであった。

父は安息日に私が授業に出ることを免除してほしいと願い出ました。むろんその日の勉強はあとで挽回しなければなりません。大きくなってからは授業免除を自分で願い出ました。そのころ私たちはスウェーデンのエーテボリに住んでいて、そこにはひじょうに良い実科ギムナジウム[2]があったのです。そこの人々はたいへん寛大でした。たとえば高校卒業試験のひとつの科目が安息日にあたったことがあるのですが、同じ学年にもうひとりアドヴェンティスト信者がいたので、われわれ二人は安息日が終わった夕方に追試を受けることが認められました。試験まではひとりの教師がわれわれを見張っていました。とても親切で音楽好きの英語の先生でした。

この一連の話で何が言いたいかというと、子どものころからいつもちょっとだけ他の人とちがっていることに慣れていたということです。それに慣れていれば、苦しむことはありません。それどころか逆に、ほかの人がどう思おうとも、自分の信念を追究することを早い時期に学ぶのはよいことなのです。

いまお話しになった孤独、よそ者の感覚は、ブロムシュテットさんののちの芸術的活動にどのような影響をあたえましたか。

その孤独、よそ者意識のなかで私は成長したと思っています。付和雷同して生きると、独自の性格をのばすことはできません。レオナルド・ダ・ヴィンチのみごとな格言があります。「境界のないものは形もない」。これは単純だけれども的を射た真実です。境界をもつことにはなんらまちがったことはありません。

アラン・シリトーの『長距離走者の孤独』という小説を読んで、芸術家とのおもしろい類似点を見つけました。とりわけ私のようなタイプ――短距離走者《スプリンター》というよりも、むしろ長期的な視野で成長していくタイプにね。成長の過程ではひどく孤独ですが、それでいいのです。ひっきりなしに疾走する必要がなければ、よりよく考えごとをできますからね。

ところで、私は学校では短距離走者《スプリンター》だったのですよ――もっとも文字どおりの意味ですがね。私はスポーツがとても得意で、陸上競技ではいつもナンバーワンだったのです。きっと父からの遺伝です。父は昔、逆立ちをして通りの角から角まで歩いてみせて女の子たちの気をひいたのですよ。

両親が働いていたので、夜はわれわれ子どもたちだけのことが多く、子守が必要でした。子守はスウェーデン語を話すフィンランド人で、愉快な遊びをしてくれました。「ボブリコフのピアノ工場」とよんでいた遊びがあります。われわれの肋骨《ろっこつ》はピアノの鍵盤ということになっていて、調律の必要がありました。彼女は調律するといって、ヘアピンで肋骨と肋骨のあいだをチクチクと突いてまわるのです。ニコライ・ボブリコフはフィンランド総督だった悪いロシア人でしたが、彼女がどうして楽しい子どもの遊びに彼にちなんだ名をつけたのか、そのときはぜんぜんわかりませんでした。

ところで、ピアノの鍵盤といえば、お母さまはピアニストでしたね。お母さまはブロムシュテットさんにピアノの手ほどきをしてくださったのですか。

ピアノは六歳のときにシベリウス・アカデミーで、母の教会仲間だった女の先生に習いました。アイナ・ホルムという名の年配の繊細な女性でした。私は先生が大好きでした。でも、ピアノのレッスンはとくべつ好きだったわけではありません。レッスンは気まずい状況と結びついていたからです。たとえば、レッスンに行く道では、楽譜を父の古い書類かばんで持ち運んだので、クラスメートに笑いものにされないか心配でした。そもそもサッカーとスケートのほうにもっと興味がありましたしね。

もちろん、母のピアノを聴くのは大好きでした。母の演奏の思い出はいまなお鮮やかです。母がローベルト・シューマンの《幻想小曲集》作品12の〈飛翔〉やショパンの〈雨だれ前奏曲〉を弾くのを、いまなお心のなかに響かせることができます。なんとも大国的な雰囲気でした。また母はいつも、父がシベリウス・アカデミーで講義をするまえに、ショパンの前奏曲やそのたぐいの曲を弾きました。父は自分の教区で礼拝をおこなっていただけでなく、さまざまなテーマで公開講義をしていました。新聞にはいつも「アメリカから来たアドルフ・ブロムシュテット」というふれこみで、講義の予告がでました。ノルマンと私も何回か参加させてもらえたのですが、いちど、ぞっこんだった女の子の隣にすわらせてもらえたんです。それどころかそのヘリンという女の子は私の手を取ったんですよ。もう天国にいる気分でした。その当時、母はまだかなりうまくピアノを弾くことができました。のちには、弾くのがだんだんつらくなったのですが。

アリーダ・ブロムシュテットは、アメリカとウィーンで研鑽《けんさん》を積んだコンサート・ピアニストだった。悲しいことに、かなり若くしてリューマチ性の関節炎を病み、そのためピアニストとしてははじめからかなり限定された範囲でしか活躍できなかった。リューマチは年々悪化していった。

お母さまはウィーンでフレデリック・ショパン直系の伝説的なピアニスト、モーリッツ・ローゼンタールのもとで勉強されましたね。ショパンの弟子のカロル・ミクリ[1]はローゼンタールの先生でした。だからローゼンタールはショパンの孫弟子ですね。

ええ、母はウィーンでモーリッツ・ローゼンタールについて勉強しました。われわれ子どもたちも一度ついていったことがあります。もっとも母は、主としてローゼンタールの奥さんのヘトヴィヒ・カナー＝ローゼンタールに教わったのだと思います。彼女は旦那さんのアシスタントのようなことをしていました。

ヘトヴィヒ・カナー＝ローゼンタールも傑出したピアニストであったにちがいありません。というのも有名な弟子がいますから。たとえばピアニストで音楽学者のチャールズ・ローゼン[3]は彼女のもとで学びました。お母さまはピアノのすばらしい伝統に属しておられたのに、どうしてあなたはピアノからヴァイオリンに変わられたのですか？

ピアノにはとくべつ興味がなかったのです。だから母は私にヴァイオリンを学ばせました。そうこうするうちに、私たちはふたたびスウェーデンのヨンショピンというところに住むようになり、ノルマンはチェロのレッスンを受け、私はヴァイオリンを習いました。しばらく時間がかかりましたが、とうとう私はヨンショピンで良い先生を見つけました。それから一家でエーテボリに移り、そこで超一流のヴァイオリンの先生を見つけました。その人はエーテボリ交響楽団の第三コンサートマスターで、ラルス・フェルミュースという名前でした。フェルミュース先生は音楽に憑かれた情熱家でしてね。彼からはこちらに火花が飛び散ってくるようでした。この先生についてようやくヴァイオリンの練習がうまくいくようになりました。兄と私は音楽学校の生徒といっしょに弦楽四重奏を組みました。そのクァルテットで世の中のレパートリーの半分くらいは演奏しましたよ。「肉屋四重奏団」と名乗ってね。というのも、弦楽四重奏曲を次から次へと乱暴にやっつけてしまったからです。

私たちの音楽への飢えは癒しようのないほど激しかったのです。ラルス・フェルミュースのところでも、つねにヴァイオリンのレッスンは室内楽で締めくくられました。先生は室内楽をやるために急いで何人かの生徒を呼び入れ、私たちはなにか室内楽の作品を初見で演奏しました。きわめてすばやく楽譜を読み、弾かなければなりませんでした。あるときカール・ニールセンの四重奏曲を演奏したのですが、ヴィオラ弾きがいなかったので、自然と私がヴィオラを弾くことになりました。ハ音記号［アルト記号］は見慣れていなかったので、ちょっととまどいましたが、演奏はできました。室内楽の演奏は驚くべき訓練でした。

かれこれ二〇年前に、お歳を召した女性がスウェーデンからサンフランシスコまでやってきて、私に面会を求めたのですが、ラルス・フェルミュースの姪《めい》だということがわかりました。フェルミュースの遺した金のカフス・ボタンをプレゼントしてくれました。彼のイニシャルが彫りこまれたとても上品なボタンです。そのボタンを次のエーテボリ交響楽団のコンサートで身につけるつもりです。

わたしたちは西ヴェルムランドの小さな村、コールトランダに向かった。ブロムシュテットが母方の祖父母のもとで夏休みをすごした場所だ。アリーダ・ブロムシュテットの両親は、ふたたび娘の近くに住むためにコロラドの家を売却し、スウェーデンに戻ってきた。祖父母はコールトランド近くの森のなかほどに小さな家を建て、「リッカン」と名づけた。幸福という意味である。その家は現存するが、風雨にさらされ、雑草がぼうぼうと生えていた。ブロムシュテットは「リッカン」で過ごした夏を思い出すのが好きなのだ。

祖母はとても若々しく情熱的な女性で、劇や文学を好みました。悪魔のこわい話をしてくれましたね。祖母が言うには、悪魔は門が閉まっていても通り抜けることができ、それどころか悪魔があるとき祖母の体を触った証拠まであると言っていました。祖父母の家には蓄音機があったのですが、当時としてはとびきりめずらしいものでした。祖父は弦が一〇本あるギターをとてもじょうずに弾きました。祖父の父親は非凡な演奏家で、結婚式や民俗祭でフィーデル［ヴァイオリンやヴィオラの祖先にあたる楽器］を演奏したそうです。祖母はいつも私をせっついて彼女のお気に入りの曲を弾かせました。マリア・テレジア・パラディスの《シチリアーノ》です。この曲を聴くと祖母は天国に遊ぶような気分になるんです。ときにはそれをうっとうしく感じることもありました。ことに来客の前で演奏させて、ちょっとばかり孫を自慢しようとするときはことさらにね。子どものころの私は、少し精神のバランスがとれていなくて、すぐに腹を立てていました。歳をとってやっと変わったんです。怒りのあまりヴァイオリンを壊してしまいそうになったほどです。ヴァイオリンを人前で弾きたくなかったんです。この点ではいまでも敏感で、どんなかたちであれ、見せびらかすことはひどく忌《い》まわしいものだと感じます。他方では、もちろん楽器を弾くのはとても好きで、どんなに演奏してもまだ足りないほどでした。

　ヴェルムランドの人々はバランスのとれた、快活な人々です。多くの芸術家がこの地方の出身です。作家のセルマ・ラーゲルローフはヴェルムランドの出身です。ラーゲルローフはノーベル文学賞を受賞したはじめての女性でした。スウェーデン最高の詩人グスターヴ・フローディングは、ヴェルムランドの首府カルルスタードの出身です。フローディングは、生年も没年もグスタフ・マーラーと同じ、一八六〇年生まれで一九一一年没です。彼の詩のもつ音楽性はくらべるもののないほどで、多くの北欧の作曲家が曲をつけています。彼には民俗的で、ときに粗野なユーモアがありました。後年フレーディングは統合失調症を病み、長いあいだ精神病院で過ごしました。

私たちはエーダ教区で車をとめた。エーダではブロムシュテットの遠縁にあたる人物が牧師をしていた。若いころブロムシュテットはオルガンに夢中で、どこへ行っても徹底的にオルガンの試し弾きをしようとした。エーダで見学した教会では、かつてブロムシュテットがあまりに長時間オルガンを弾いていたので、牧師がかんかんに怒って走ってきて、「教会を焼き払う気か」と食ってかかったそうだ。古いオルガンは、長時間弾いているとモーターの部分が過熱する危険性がある。エーダの教会は典型的なスウェーデンふうの木造教会だったので、火事になる危険があったのだ。

ドライヴの帰路、ブロムシュテットのさまざまな親戚のもとに立ち寄った。そのなかにはエーダの牧師の息子のお嫁さんで、ブロムシュテットの再従姉妹《はとこ》にあたる女性もいた。ヴェルムランドには一〇〇人前後の親戚が暮らしているが、ブロムシュテットは彼らのうちほんの少ししか知らない。ブロムシュテットの父親が伝道学校で仕事をしていたニューヒュタンには、兄の娘のひとりが心臓専門医の夫といっしょに暮らしている。彼女はきわめて繊細で、まれにみるほど気が利く女性だ。ふらりと立ち寄ったところ、二人ともとても喜んでくれた。

お父様は音楽的なかただったのですか?

父は音楽が好きでしたが、音楽を仕事にはしませんでした。礼拝のために讃美歌を演奏しただけです。安息日の始まる金曜日の夜、ピアノに向かって自分で伴奏しながら歌っていました。それくらいはできたのです。でもコンサートに行くようなことはまったくありませんでした。コンサート・ホールは父にとって、すでに世俗的すぎて超えられない境界にありました。父は多くの同世代人と同じように、世俗的なものにたいして偏った見方をしていました。福音書から読みとれるメッセージはじつに矛盾しています。キリストは一方では弟子たちに、邪悪で危険な世俗の世界に用心せよと言い、他方では世に出て世を変えよと命じています。父は息子たちを俗世間から護ろうとしていたのです。

それはたいへん厳格なお話ですね。

たしかに父は厳格でしたが、そのことで私が苦しむことはありませんでした。一一歳下の妹は、女の子なのでもちろん父の教育によってもっとがんじがらめにされ、ひじょうに苦しんだのですが。たとえば私が大きくなるにつれて、ますます熱狂的にコンサート通いをするようになったのを禁じられたことはありません。しかし父にいっしょにコンサートに行こうと誘っても、いつも断られました。思い出すかぎり一回だけ、父を説得していっしょにコンサートに行ったことがあります。ストックホルムでのことでした。

しかし、コンサートに行くのが良くないことだとして、何がいけなかったのですか?

父にとってコンサートは罪ではなかったのですが、時間の浪費のほうが罪だったのです。責任感が強くて、コンサートに行っている時間などないと思っていたのですね。そんなところに行っていたら、牧師としての使命をないがしろにしてしまうという気持ちがあったのでしょう。ことのほか義務に忠実な人でしたから。

父の首尾一貫性にはひじょうに感心します。自分の個人的な好みに負けたことがいちどもないのです。父の好みは、自分の使命をみたすことにのみ限られていました。伝道者を一〇人から二〇人指導していましたが、若い伝道者がプライヴェートを任務より優先しようものなら、たいへん厳しく叱《しか》りました。お金の浪費も罪のうちでした。もちろん車などもっていませんし、若い牧師が車を買うとそれをたしなめるのです。そんなとき父は、「お金は神様のものだよ」と言ったものでした。移動するなら自転車や電車でもじゅうぶんだと言ってね。のちに定年退職した父に、兄が車をプレゼントしました。ノルマンは医師国家試験を終えてアメリカに渡ったのですが、もちろんその地では考え方がちがいます。車をもらったことを父は喜びましたよ。デトロイトの工場まで車を取りにいき、それをスウェーデンまで運んだのは私です。

お話をうかがっていますと、ブロムシュテットさんはご両親双方からひじょうに強い影響を受けられたように思います。お母さまからはすばらしい音楽性と芸術的想像力を、お父様からは倫理的な責任感と秩序だった生き方を受け継がれたようですね。

私の受けた教育にかんして、両親には感謝することしきりです。しかし、ある観点ではもちろん限界がありました。たとえば、家では美術への関心がまったくありませんでした。まず、美術はぜいたくとみなされ、わが家にはぜいたくをするようなお金はありませんでしたから。それと、息子たちはもちろん裸体の女性を見ることがないように守られていたのです。絵画で見てしまう可能性がありましたからね（笑）。ちょっと誇張もありますが、家のなかにはそういう空気がありました。美術は危険で世俗的なものだ、とね。

ブロムシュテットさんの受けたアドヴェンティストの教育では、絵画はほとんど禁止のように思えますね。

家には宗教的なまがいもの《キッチュ》の絵が壁にかけてありました。苦悩するメシアとかそんなようなモティーフのものです。良い印象もなければ悪い印象もありません。まったくなにも語りかけてこないしろものでした。一方にはすばらしいキリスト教的芸術作品がたくさんあるというのに。この欠如を、私は後年独学で埋めようと努力しました。さいわい家に書籍はありましたが、それ以外の欠如を埋めあわせることはできませんでした。私にはそう重要なものには思えなかった、あるいはそういう欠如に気づかなかったのです。

どのような欠如のことですか。

サンフランシスコには裕福な女性パトロンがいて、新しいコンサート・ホールを建てるために寄付をしてくれました。ちょっとした機会に、その女性からダンスに誘われたことがあります。「踊れないのです」と答えざるをえませんでした。女性はそのとき、私の教育にはあきらかに欠けているものがあると言いました。しかしなによりも社会的な振る舞いにおいて、なにがしか挽回しなければならないものがありました。のちにアメリカへ勉強しにいったとき、とても立派な女性のパトロンがいて、学生のために多くの骨を折ってくれました。そこを去るとき、彼女は私が手紙で感謝の気持ちを示すか、そうした態度をとることを期待していたのでしょう、ひじょうに厳しい苦言を記した手紙を送ってきました。こう書いてありました。「私たちはみな、あなたが音楽においてははるかにすぐれているとわかっています。でも社会的にははるかに劣っています」。私にとっては教訓でした。学ぶことにあまりにも没頭しすぎて、援助してもらうのをとうぜんのことだと感じており、それがどれほど彼女たちを傷つけていたかにまったく気づかなかったのです。

こういった人間的なことどもにおいて、兄は私をとがめるでもなく、とてもよく助けてくれました。兄は私の模範だったのです。性格は円満で、大いに音楽的で、ひじょうに高貴な人間でした。チェロをとびきりじょうずに弾きました。兄が二〇〇五年に亡くなってしまったのはいまだに悲しいできごとです。私はいまではずいぶんと社会性を得て、人間というものにとてつもなく興味をいだいています。人間がみな異なっているなんて奇跡ですよ。アメリカ人はヨーロッパ人にくらべてはるかに簡単に人と仲良くなりますが、彼らからは多くのことを学びました。ヨーロッパではアメリカ人の人づきあいは表面的だと思われています。とくにスウェーデン人にとっては、友情は特別なもので、幸運にめぐまれれば生まれるものであり、神の祝福のように受け止められるものです。アメリカでは、まずみんながいちどは友達になり、その人が友人に値しないということを誰かが示すまでは友達のままです。スウェーデンでは、その人が自分の友達になりうるということに気づくまで、はじめはよそよそしく振る舞うものです。
もうひとつ厳しい教訓を得た体験があります。指揮者としてまだ駆け出しのころ、一時期ストックホルム・フィルハーモニーのいわば専任の指揮者を務めていたのですが、チャイコフスキーの交響曲第四番のリハーサルをしていたとき、ムラヴィンスキーの録音が脳裏から離れなかったことがあります。ムラヴィンスキーはこの曲をとてつもないテンポで演奏させていました。私もそんなふうに演奏してみたかったのですが、オーケストラのお気には召しませんでした。そこで不作法なことをやってしまったのです。この交響曲をすでにほかの、さほど有名でないオーケストラと演奏したことがあったのですが、そのときはこのテンポでもぜんぜん問題なかった、と言ってしまったのです。それにたいしてヴィオラの首席奏者がそっけなく言いました。「ぼくらはこの作品を、あなたよりはるかに良い指揮者と演奏しましたよ」。人間はそんな経験から学ぶものです。

注

［1］――Carol Miculi（1821–1897）。アルメニアのピアニスト。
［2］――ギムナジウム（小学校五年生から高校の最終学年までにあたる）は、ほんらいならラテン語のような古典語を学習の中心とするが、実科ギムナジウムでは現代の外国語や自然科学に重点をおいている。
［3］――Charles Rosen（1927–2012）。アメリカのピアニスト、音楽学者。

第4章

「ユーモアたっぷり。それがいつも救ってくれた」

ライプツィヒでの週末に

――教育、青年時代の芸術的成長、はじめての契約ヘルベルト・ブロムシュテットはゲヴァントハウス管弦楽団と三つの公演をおこなうためライプツィヒに向かった。金曜日にはホテルのスイート・ルームで対談し、土曜日は、安息日に労働してはならないというアドヴェンティスト派の命にしたがって録音機のスイッチを切った。春の日和《ひより》のなかライプツィヒの中心部を散歩して、まっさきにタール通りに面したかつてのC・F・ペータース出版社の建物のなかにあるグリーグ記念館を訪ねる。記念館の庭にはノルウェイの作曲家エドヴァルド・グリーグのブロンズ製胸像があるが、それはブロムシュテットが協会に寄付したものである。

グリーグは一八五八年から六二年までフェリックス・メンデルスゾーンが創設したライプツィヒ音楽院に学び、ペータース出版社の社長だったマックス・アブラハムがのちに私邸の二部屋を提供し、グリーグはしばしば何カ月も滞在した。グリーグの胸像そのものもまたゲヴァントハウス管弦楽団と縁《ゆかり》がある。胸像は、ゲヴァントハウス管弦楽団のコントラバス奏者だったフェリックス・ルートヴィヒが制作したものなのである。ルートヴィヒは彫刻家としても活躍していて、ブロムシュテットはその才能を高く評価し、彼の彫刻をいちどに何点も購入している。彼はそのうちいくつかを公共施設に寄付したが、ルツェルンの自宅にも何点か置いている。ゲヴァントハウス会館の入口には、ルートヴィヒが制作しブロムシュテットが寄付したベートーヴェンの胸像が見られる。

日曜日は、朝食と帰りのフライトのあいだにもう一回インタヴューの時間をとることができた。ブロムシュテットがゲヴァントハウス管弦楽団の運転手にベルリンの空港まで送ってもらうあいだに歓談することができたのである。ベルリンの空港から彼は家路についた。

エーテボリにいた一三～一四歳のころ、ブロムシュテットさんが音楽に夢中になった時期が始まりました。すばらしいヴァイオリン教師、ラルス・フェルミュースに師事し、お兄さんやご友人たちとクァルテットをなさったのでしたね［第3章参照］。当時すでに音楽を職業にしようとお考えになることがありましたか。

＊

それについては青くさい若者らしい夢をいだいていましたが、具体的な計画はありませんでした。一五歳でヴァイオリンのほかにオルガンを学ぶようになり、カントル［教会の合唱指揮者］になろうか、オルガニストになろうか、いや弦楽四重奏団の第一ヴァイオリン奏者になろうかなどと思いをめぐらしていました。夢想家なのですよ。いまでも変わりませんが。当時はこういった夢想は、女の子をめぐる空想と結びついていました。兄と私の二人ともが素敵な女性と結婚して、クァルテットを組むというのが夢でした。そして全員で湖畔の美しい家に住んで、全身全霊を音楽に捧げることができたら、などと夢想したものです。シンフォニックな世界が私の世界になってはいたけれども、指揮者になることは当時まったく念頭にありませんでした。エーテボリでは毎週二回シンフォニー・コンサートを聴きました。毎木曜と毎日曜に。エーテボリのコンサート・ホールは特別なものでした。ホール全体が木造で、弧を描くような形をしており、まるでヴァイオリンの内側に座っているような感じがしました。まるで抱擁《ほうよう》されるように親密な音響でした。

週に二回コンサートに行くことが不可欠だとお父さんにどうやって納得させたのですか?

父がときどき読んでいる本から目をあげて、私が練習している様子を観察していたことを覚えています。父は多くを語りませんでしたが、まじめに練習しているのを見て気に入っていると感じていました。この時期、毎日三、四時間はヴァイオリンの練習をしていましたが、この粘り強さを父は気に入っていたのです。兄のノルマンはエーテボリ交響楽団のオーケストラ学校の生徒だったので、無料のチケットをもらっていました。私は学生用の割引会員券を自分で買っていました。私はお小遣いをもらっていなかったんです。お小遣いがないのは、家にお菓子がないのと同様、わが家ではあたりまえのことでした。父の稼ぎではその余裕がなかったのです。でも私はコンサートの会員券を買うために新聞売りをしました。そして母はとても利口でした。私が練習すると一時間に一エーレ[1]くれたんです。だから、それはギャラであって小遣いではありませんでしたが、まとまるとちょっとした金額になったのです。コンサートにはいつも兄といっしょに行きました。隣どうしに座り、コンサート中に印象をおたがいに示しあうために独自のボディ・ランゲージをつくりました。ある腕の動きは「ここはすばらしく美しい箇所だ」、ある足の動きは「ちょっとセンティメンタルだ」などとね。音楽にたいするひじょうに感情的なコメントです。家に帰るときは――家まで徒歩二〇分ほどかかったのですが――主題を歌いました。忘れてしまわないようにね。家に帰るとすぐにコンサートで聴いたことを、できるかぎりたくさん書き写すようにしました。というのも、レコードや楽譜を買うなんてまったく論外だったからです。いい時代でした。

一九四〇年代初頭の時代でしたね。第二世界大戦が荒れ狂い、スウェーデンのまわりのヨーロッパは廃墟と化していました。当時どんな指揮者をお聴きになりましたか。

エーテボリ交響楽団には卓越した首席客演指揮者、イサイ・ドブローエンがいました。ロシア系ユダヤ人で、一九二二年にコペンハーゲンにやってきてノルウェイ国籍を得たのですが、四〇年にドイツがデンマークまで占領してしまうとスウェーデンに逃亡しました。作曲家、ピアニスト、指揮者で、フリッツ・ブッシュが一九二二年、モデスト・ムソルグスキーの《ボリス・ゴドゥノフ》をドイツ初演するために彼をドレスデンに招きました。それは人々が特別列車でやってくるほど特別なできごとでした。それにくらべて、エーテボリの首席指揮者なんてたいしたことはないのですが、偉大な指揮者たちが客演するのです。彼らはみな、ドイツに占領された地域では演奏したがらず、スウェーデンにやってきたのです。フルトヴェングラーは毎年エーテボリに来ました。ブルーノ・ワルターも来ました。さらにユダヤ系の傑出した楽団員が私たちのところへやってきて、エーテボリ交響楽団をさらにレヴェルアップさせてくれました。

ブロムシュテットさんは一七歳ですでに高校卒業試験に合格し、ストックホルムの音楽大学に行かれましたね。そのことについてお父様は何と言われましたか?

私は人より早く高校卒業試験を終えたのですから、いわば二年間節約できたことになります。その期間を使って音楽の勉強を試しにやってみたい、というのが私の言い分でした。父はそれを認めてくれたんです。

ブロムシュテットさんは、ストックホルム王立音楽大学で音楽教育、オルガン、合唱指揮と、同時に三分野を専攻されましたね。何をやるか意志決定できなかったのですか。

すべての分野に「ヌメルス・クラウズス」[2]（定員制限）があったから、そういう結果になったのです。合格するチャンスを増やすために三分野ぜんぶに応募したんですよ。そしてぜんぶ合格したので、ぜんぶ履修したのです。じじつ、なにもかもが興味深く思えました。音楽大学では天国にいるように感じていました。ただヴァイオリンの先生はラルス・フェルミュースほど良くなかったです。その先生はもしかすると、フェルミュースよりすぐれたヴァイオリニストであったかもしれませんが、良い先生ではありませんでした。私はなによりもオルガンに魅了されました。ヨハン・ゼバスティアン・バッハのすべてのオルガン作品を知りました。そしてその結果、私の視野はひじょうにひろがったのです。以前はバッハのピアノとオーケストラの作品しか知りませんでした。バッハのオルガン作品を演奏することができて、天にも昇る思いでした。スウェーデンには北ドイツ・オルガン楽派の影響を受けた製作者たちによるすばらしいオルガンがいくつかあります。またデンマークも立派なオルガン大国です。オルガニストのポストに応募したこともあったのですよ。これまで履歴書を書いたのはその一回だけでしたが、ポストを得ることはできませんでした。

それだけでなく、カントルのクラスにも参加されましたね。声楽にも親しむようになられたのですか。

それまでは声楽は好きではありませんでした。ことにオペラにはぞっとしました。オペラではひどくヴィブラートをかけて歌いますが、そんなものは私にはまともな音楽には思えなかったのです。しかし、良い合唱指揮者にめぐまれ、まず最初にバッハのモテット《主に向かいて歌え》を歌いました。そのとき、耳が開かれたのです。なんというすばらしい音楽だろう。それは私には新しい世界でした。スウェーデンにはじじつすばらしい合唱の伝統があります。合唱指揮者のエリク・エリクソンがこの地に高い水準をもたらしたのです。当時のスウェーデンの音楽水準は総じてとても高く、小学校から音楽をしっかりやっていました。復活祭にはいつも巨大なエンゲルブレクト教会で《マタイ受難曲》が上演されました。《マタイ受難曲》を私たちはほとんど暗記していました。この響きが大好きなんです。それに対してイタリアの合唱の響きはあまり好きではありませんでした。合唱音楽は頭声〔胸や喉ではなく、頭ないしは眉のあいだを響かせるように歌う発声法〕で歌わないといけません。和声的進行はかならず「ヴィブラートなしで（senza vibrato）」歌わねばなりません。そうでないと和声がクリアーにならないからです。同様のことが器楽についてもいえます。メロディの進行をヴィブラートをかけて演奏したくなるのは自然な衝動でしょう。しかし和声の進行となると、ヴィブラートをかけようものならもはや美しく響かなくなります。エーテボリでいっしょにクァルテットを演奏したプラハのヴィオラ奏者は、誰かが強いヴィブラートをかけて演奏するといつも、「おい君、どうして震えているんだ。寒いのか、それとも不安なのか」と訊いたものでした。そのヴィオラ奏者はヨーゼフ・ヨアヒムの伝統を継いでおり、アンリ・ヴュータンやイザイといった強いヴィブラートを好んだベルギー楽派の後継者ではなかったのです。

この時点でブロムシュテットさんは、指揮者になることをまだぜんぜん考えていらっしゃらなかったのですか。

考えていませんでした。ただ音楽をそうやってひたすら吸収したかったのです。声楽の先生はひじょうに基本的なことを教えてくれました。それいらい歌うのが好きになりましたよ、じょうずではないにせよね。しかし歌うことはだいじです。楽器を演奏するときも、歌うように演奏しなければなりません。どんな小さなフレーズでも、あたかも歌うような形をなしていないといけません。声楽の師匠アルネ・スンネゴードはスウェーデン人の大男で、とても厳しかった。あるときスンネゴードにすんでのところでつまみ出されそうになりました。何が目的なんだと訊かれたのです。まだ何をやりたいのかはっきりとはわかりません、ただ、多くのことに興味をもっています。言語にも、数学にも、と答えました。私の答えは彼を激怒させました。厳しいヌメルス・クラウズス（定員制限）のせいでした。私は他の一〇〇人が欲しいと思っている学籍を使っている。彼はそのことを、モラルに反すると思ったのです。彼の立場に立てばそれは理解できますが、好意を寄せていた師匠にそのような言葉を浴びせられるのは悲しいことでした。

ブロムシュテットさんをついに指揮へと導く鍵になった経験はありましたか。

私たちは半年間、合唱指揮を学ばねばなりませんでした。そのとき先生はたぶん、なにがしかの才能を認めてくれていたのだろうと思います。ある特別な機会に、ヘドヴィグ・エレオノーラ教会で私に指揮をさせてくれました。イギリス王家の関係の誰かが亡くなり、スウェーデン王国との姻戚《いんせき》関係があったので葬儀がおこなわれたのです。私はブラームスの《ドイツ・レクイエム》から二つの楽章を指揮させてもらいました。そして、それが決定的なきっかけとなったと思います。履修していた科目をすべて修了すると、カペルマイスター〔指揮者〕・コースに出願し、受け入れられました。それいらいこの道を進んでいます。三年間にわたって教育を受け、一九五二年に修了しました。それと並行してウプサラ大学で音楽学を学んだのです。

ブロムシュテットさんは、トール・マンのクラスで勉強されました。マンは作曲家ヴィルヘルム・ステンハマルの後継者としてエーテボリ交響楽団の首席指揮者をつとめた人物ですが、彼はどんなことを教えてくれましたか。

トール・マンは実践の人であり、スウェーデンの音楽伝統に深く根ざしていました。マンの師匠のコンラッド・ノードクヴィスト自身が作曲家フランツ・ベルワルドの弟子にあたります。トール・マンはさらにカール・ニールセンやジャン・シベリウスとも個人的に親交がありました。とうぜんのことながら、この二人の作曲家を研究するとき、そのことが多くの啓示をあたえてくれました。

スウェーデンの作曲家ベルワルドは、フランツ・シューベルトとフェリックス・メンデルスゾーン・バルトルディの知られざる同時代人であった。作曲家としてはアウトサイダーで成功しなかったので、長いあいだ整形外科の器具製造や製材所とガラス製作所の経営で生計を立てなければならなかった。しかし、その作品はきわめて強く訴えかけてくるばかりでなく、まごうことのない独自の魅力をもっている。ベルワルドの音楽は、アントン・ブルックナーの音楽のようにエネルギッシュで反復進行を好むように聞こえたり、またメンデルスゾーンふうに夏の夜の妖精たちを呼びさましたりもする。発展的な形式思考はベートーヴェンを思い起こさせ、また逆行的な構造はアルバン・ベルクをすら思わせる。にもかかわらずフランツ・ベルワルドはフランツ・ベルワルドの音がして、型にはまらず、すぐれて個性的である。あたかも誰にも取り入るつもりはないと言わんばかりの表現なのだ。この音楽の美しさは、表面的な効果によって明らかになるものではない。ベルワルドの主要作品は《サンフォニー・サンギュリエール（風変わりな交響曲）》というニックネームをもつ交響曲第三番である。ブロムシュテットはベルワルドの音楽の熱狂的な擁護者なのである。

私たちのような初心者にとって、トール・マンはたいへん良い先生でした。ストックホルム交響楽団のチェリストとしてキャリアを始め、室内楽奏者としてもまたスウェーデンじゅうを演奏旅行した人です。私が大学にいたころ、彼はストックホルム放送交響楽団の首席指揮者でした。放送交響楽団はストックホルム・フィルハーモニー管弦楽団と事実上同一のオーケストラでした。彼らはフィルハーモニーのコンサートと放送交響楽団のコンサートを交互におこなっていました。トール・マンは、自分の良心にしたがってものごとを改変し、かなり臨機応変にスコアをあつかった指揮者の世代に属していました。こんにちの視野でみると、彼のリハーサルはとくべつ高いレヴェルにあったわけではありません。しかし、たまに少し不器用なところがあったとしても、冷静で賢明でした。なかんずく、スウェーデン音楽の演奏は模範的なものでした。ステンハマルの交響曲第二番はこの曲の録音でいちばんすぐれたものです。マンはほんものの音楽家で、そこにはなんの誇張もありません。そしてユーモアにあふれていました。そのことがまた私を助けてくれたのです。

なにか覚えていらっしゃることは？

カペルマイスター課程にいたとき、大学のコンサートはいつも金曜日の夕方におこなわれました。もちろん私は参加できませんでした。安息日が金曜の夕方に始まるからです。トール・マンも知っていて、そのことで議論することはありませんでした。しかしあるとき、彼はどうしても私に金曜日の夕方に指揮をさせたくて、私を説得しようとしました。土曜日ではなく金曜日だからいいじゃないかというのです。私は、安息日は金曜夕方の日没から始まり、土曜日夕方の日没まで続くのです、と答えました。それにたいし彼は、一一月は夕方にはいつも霧がたちこめていて、太陽がほんとうに沈んだかなんてぜんぜんわからないと言うのです。たんなるジョークで、それ以上に無理強いしようとはしませんでしたけどね。

当時はストックホルム・フィルのリハーサルを見て、とても多くのことを学びました。七年間ずっとリハーサルを見学させてくれて、そのおかげで多くのきわめて偉大な指揮者の仕事を観察できました。ヨーゼフ・カイルベルト、ルドルフ・ケンペ、ヴィルヘルム・フルトヴェングラー、フリッツ・ブッシュ、エーリヒ・クライバー、ブルーノ・ワルター、ヴィクトル・デ・サーバタなどです。

指揮者は学び、音楽をつむぎ出すためにオーケストラを必要としますね。指揮者は器楽奏者のようにひとりで練習することはできません。大学のオーケストラは別として、ブロムシュテットさんが指揮をする機会がありましたか。

トール・マンはストックホルム・フィルの自分のリハーサルのあと、私が指揮の練習をできるようお膳《ぜん》立てをしてくれたことがありました。私はヨハネス・ブラームスの《ハイドンの主題による変奏曲》を指揮するはずでした。それは大きなチャンスでした。コンサート・ホールに行って出迎えを待っていたのですが、誰も来ないのです。ようやくソロ・ホルン奏者がやってきました。しかし、オーケストラは学生と演奏をする義務はまったくないと伝えるためだけに来たのでした。それでその件は終わってしまいました。少し傷つきましたが、耐えるしかありません。でも、いったいどうすればいいのでしょう。デビュー・コンサートは夢のまた夢。指揮の練習はキャンセルされてしまいました。門は閉ざされ、途方にくれるばかりです。そこで私はウプサラ大学でさらに音楽学の勉強を続けました。

音楽学はとてもおもしろく思えました。すでに音楽大学在学時にバッハにかんする論文を数本書いていました。指導教授はグレゴリオ聖歌研究の専門家でした。古い音楽、ことに中世の音楽にはとてつもなく魅了されていました。父は清教徒的で、カトリック教会は異端だと思っていました。父にとって中世は眼中になかったのです。それゆえ私には中世にかんする知識がすっぽりと抜け落ちていました。一九五八年秋、バーゼル・スコラ・カントルムの講習に参加し、私の関心はさらに高まりました。バーゼルで教えてくれたイーナ・ローアは古い音楽が専門で、いっぽう現代音楽の先生はナディア・ブーランジェでした。パリでもナディア・ブーランジェに短期間師事しました。彼女たちは二人とも、自分の生徒たちのために生きているようなひとたちでした。

ブロムシュテットさんは、クラニヒシュタイン音楽研究所［現ダルムシュタット国際音楽研究所］の現代音楽講習会にも二度参加されたのですね。一九五〇年代、アヴァンギャルドは実存主義の楽観的な雰囲気に支配されていました。作曲はどういう方向に行けばよいのか、激しく議論されました。ブロムシュテットさんがダルムシュタットのクラニヒシュタイン音楽研究所にいらしたとき、どのような作曲家が講義したのですか。

クラニヒシュタインはとてもよい経験になりました。講習には二度、一九四九年と五六年に参加しました。講習は二度ともマティルデンヘーエでおこなわれました、クラニヒシュタイン城は戦争で破壊されていましたから。一九四九年にモダンだったものは、五六年にはもう古くさくなっていました。人々の立場は激しく入れ替わりました。一九四九年にはパウル・ヒンデミットこそが偉大な人物でした。ヴォルフガング・フォルトナーが才能をみいだされました。研究所長は専門誌『メロス』の編集長だったハインリヒ・シュトローベルで、彼が講義の大半を担当していました。ヒンデミットに代わって彼の四重奏団のチェリストだったマウリッツ・フランクが講義しました。私たちは彼の指導で、ヒンデミットの四重奏曲をいくつかと弦楽三重奏曲を演奏しました。

一九五六年にはジョン・ケージが中心的人物でした。それはもちろんちょっとばかり異質なものでした。ケージはとても魅力的な人物でしたよ。でも「アレアトリー」、つまり偶然性によって生みだされる音楽は私には不可解で無意味でした。あるときケージが偶然性の原則にもとづいて講演をおこないました。ストップウォッチを手に持って原稿を読むのです。単語の途中で読むのを止めたりして、すべてが切り刻まれました。あるときハイキングの途中でケージに出会ってようやく、彼が何をやろうとしていたのか理解しました。彼はハイキングが大好きで、キノコにかんしては誰もかなわない専門家でした。キノコがいくつか生えているのを指さしてこう言うのです。「ほら、キノコも偶然の法則にしたがって育っているんです。きちんとならんでいなくて、あっちにもこっちにも生えているでしょう。自然は、人間の理性とは異なる法則にしたがっているのです」。そのようにして彼は作曲していたのでした。

それはピエール・ブーレーズのひじょうに決定論的なセリー音楽[3]にたいする反論でもありました。ブーレーズは二台のピアノのための《ストゥルクテュール》の第一巻で、音楽の全進行を数列（セリー）によって確定させました。音の高さだけではなく、長さ、強さ、打鍵（タッチ）などもセリーによって組み立てられます。そこへケージがやってきて、サイコロを振るだけで音楽の進行を決定させたのです。むろん、それはおそるべき挑発でした。しかし、意味をもたらすものではなかったということでしょうか。

ケージの作品のなかで偶然というものは、想像力をかきたてる機能しかもっていません。それはもちろん、ケージを激しく論駁《ろんばく》したピエール・ブーレーズに向けられた回答でした。ブーレーズにとってケージはいかさま師だったんです。ケージの良いところは、想像力を解放したことです。新しいものを築こうとすれば、ときになにかを壊さざるをえないでしょう。

ブロムシュテットさんは、この現代音楽の世界にどれほど浸っておられたのですか？

クラニヒシュタインという場所は私にとって多くのことを意味していました。当時はとてつもなく多くの現代作品を指揮しました。だいじな課題だと考えていたのです。首席指揮者としては、地元で活動する同時代の作曲家とかかわらなければなりません。それは仕事のうちなのです。そうするとますますおもしろい人々が見つかります。仮にそのおもしろい人々みなが天才的ではないにせよ、その作品には根拠があり、演奏される価値があるのです。リヒャルト・シュトラウスはあるとき、「私はひょっとすると一流の作曲家ではないかもしれないが、二流の作曲家のなかでは、けっして悪いほうではないだろう」と言いました。そのときシュトラウスはめずらしく、そもそも彼の本性にはまったくそぐわない謙虚さをみせたのです。

ブロムシュテットさんはいつも指揮者イーゴリ・マルケヴィッチのことを、もっとも重要な師匠のひとりだと言っておられます。ザルツブルクのモーツァルテウムでの指揮者クラスでどのような薫陶をお受けになったのですか。

大きな奨学金を二つもらいました。最初は一九五〇年にもらった外国で学業を続けるためのジェニー・リンド賞です。ジェニー・リンド賞には七〇〇〇クローネの賞金がついていて、私はそれを何回かの夏期講習に割り振ることができました。マルケヴィッチをたずねて三度ザルツブルクへ旅したのです。マルケヴィッチは分析的・実践的な人で、私にとってはすばらしい師匠でした。彼が模範にしていたのはアルトゥーロ・トスカニーニと、自身が師事したヘルマン・シェルヒェンでした。トスカニーニのまったく無駄のない指揮法を模範とし、指揮するさいの完全な両手の独立を賞賛していました。それが、マルケヴィッチが私たちに伝えてくれた基本原則です。トスカニーニはそれをみごとに身につけており、なにひとつ余分なものがありませんでした。というのも、余計なものをすべて取り除いてはじめて、そこにどんなものを付け加えることができるかに気づくからです。「センツァ・ヴィブラート（ヴィブラートなし）」の演奏のようなものです。余計なものを取り除いたら、それ以上なにも取り除かずに、なにか——音色——を付け加えることができるのです。マルケヴィッチはシェルヒェンにかんしては、その現代音楽との取り組み方を称賛していました。シェルヒェンには私も知遇を得ました。すばらしい音楽家でしたが、気むずかしい人間でしたね。

マルケヴィッチは指揮者であっただけでなく、すばらしい作曲家でした。パリでナディア・ブーランジェに師事し、ロシア・バレエ団の創設者セルゲイ・ディアギレフの秘蔵っ子となりました。ディアギレフはマルケヴィッチにピアノ協奏曲一曲といくつかのバレエ作品の作曲を委嘱《いしょく》しています。のちにマルケヴィッチはダンサーのヴァーツラフ・ニジンスキーの娘と結婚しました。マルケヴィッチはひじょうに厳格になることもありました。極度の規律を求めました。私は何度かひどく叱責《しっせき》されたことがありましたが、不当なものではありませんでした。私に向かって自分のことを「パパ・イーゴリ」とよび、あきらかに私のことを好いてくれたようでした。私たちはいつも暗譜で指揮をせねばなりませんでした。リハーサルのときですら暗譜です。良い授業でしたが、たいへん厳しいものでした。

夜どおし楽譜に首っ引きで猛勉強しました。講習の修了コンサートで、バッハの《ブランデンブルク協奏曲第五番》の指揮者に選ばれたのですが、名誉なことだと感じました。私よりもはるかに経験ゆたかな学生が同じ講習を受けていたからです。ヴォルフガング・サヴァリッシュもいましたし、スコットランド人の指揮者アレグザンダー・ギブソンもいました。ギブソンとは友人になりました。ギブソンはのちにサドラーズ・ウェルズ・イングリッシュ・ナショナル・オペラを指揮し、スコットランド国立オペラを創設しました。一九五四年には、まだ一一歳のダニエル・バレンボイムも私たちのクラスに参加しました。バレンボイムはもちろんまだなんの経験もありませんでしたが、ことのほか才能にめぐまれていることはわかりました。

ダニエル・バレンボイムはその自伝のなかでマルケヴィッチの指揮クラスでのヘルベルト・ブロムシュテットとの出会いの思い出を語っている。

「指揮クラスのなかで私は最年少のメンバーでした。他の受講者はみな二〇歳をはるかに超えていましたから。すでに指揮者として活動していた、私のいわゆる同僚の多くはあまり親切に私をあつかってくれませんでした。要するにまだ子どもだったのです。ひとり例外がいました。ヘルベルト・ブロムシュテットです。彼は私にとても親切で、私が言葉がわからなくて困っていると、ものごとを説明してくれました。私は英語を話すのがまだとても下手で、最低限のドイツ語も九歳のときウィーンとザルツブルクで耳にした語彙《ごい》に限定されていました」（ダニエル・バレンボイム『音楽——わが人生』[4]、ベルリン、二〇〇四、四三頁）

というわけで、《ブランデンブルク協奏曲》第五番を指揮させてもらえることになったのですが、またしても障害が生じてしまいました。ゲネプロが土曜日におこなわれることになっていたのです。マルケヴィッチのところへ行って、土曜日は安息日なのでゲネプロをおこなうことができないと言いました。マルケヴィッチはひどく不機嫌になって、司祭のところへ行って特別な許可をもらってくるようにと言いました。「そういうレヴェルの話ではないのです、神と私とのあいだの話なのです」と答えました。彼は私の言い分を理解できなかったのですが、数日後私のところに来て、オーケストラと話をしたら、ゲネプロを日曜日の午前中に変更してもよいということだったと言いました。そしてこう付け加えました。「彼らのほうが君よりもはるかに立派なキリスト教徒だぞ」［キリスト教の主要な教派では通常、日曜日が安息日とされる］。私はすっかり心折れてしまいました。何と答えればいいのだろう。考えこんでしまいました。というのも、私がいちばん望んでいたのは立派なキリスト教徒であることだったからです。

また別のとき、指揮をしていてうっかりして手が彼の口に当たってしまったことがありました。血がにじみました。まず長い沈黙がおとずれ、それから彼はそっけなく言いました。「もっと柔軟に指揮しないといけないって言っただろう」。マルケヴィッチはそういう人でした。

すばらしい教育者でしたよ。その後私を助手にしてくれて、彼の生徒たちに講義をさせてもらえるようになりました。私がドレスデンのポストにつくかどうかで迷っていたときも、よいアドヴァイスをくれました。不思議なことに、マルケヴィッチ自身は、じつにすばらしい指揮者であったにもかかわらず、じっさいに卓越したオーケストラを首席指揮者として指揮したことがいちどもありませんでした。彼がポストを得たいちばん良いオーケストラは、モントリオール交響楽団です。しかし、その後はモンテ・カルロとハバナでした。彼はあるとき、モンテ・カルロのオーケストラに私を招いて指揮させてくれたとき、ホテルにやってきて言いました。「覚えているかな、あのザルツブルク時代のことを。いまや私はあのときとはちがった考えでいる。安息日をしっかり守りたまえ」。そのことばは私にとって癒しとなりました。

トール・マンはマルケヴィッチのことをとくべつ気に入っているわけではありませんでしたが、彼に師事することをゆるしてくれました。二人はまったく気が合いませんでした。トール・マンにとってマルケヴィッチはあまりにも無味乾燥に感じられたのです。マルケヴィッチはストックホルムで数年間、客演指揮者をつとめましたが、そのときトール・マンが手紙をくれました。オーケストラがマルケヴィッチにどれほど退屈しているか、などと書いてありました。ちょっと嫉妬《しっと》もあったように思いますね。

ブロムシュテットさんはウプサラ大学で一九五二年まで、音楽学、心理学、宗教学を専攻されましたね。そのあとスウェーデン・アメリカ基金から、まる一年間アメリカで勉強する奨学金を得られましたね。ボストンのニュー・イングランド音楽学院に行く決心をなさったのはどうしてですか。

留学先の大学はそれぞれの奨学生に一校ずつ割りあてられたので、まずはボストンに行くことにしました。そこでは三カ月間、大学オーケストラを指揮させてもらいました。ほんらいならば大学の学部長が指揮すべきオーケストラをです。学部長が病気にかかったので代役をつとめることができたのです。それどころか、放送コンサートを指揮することまでできました。実習指導の先生は、ボストン交響楽団の第一コンサートマスターだったリチャード・バージンで、すばらしい音楽家でした。

当時のボストン交響楽団の首席指揮者はシャルル・ミュンシュで、ほとんど毎回リハーサルを見学に行きました。でも、そもそもはジュリアード音楽院に行きたかったのですが、それもとうとう実現しました。そこでの指揮の師匠はジャン・モレルでした。モレルはフランス人音楽家で、いっしょにスコアを分析したり、特別な手法でのソルフェージュにもとづいて音楽理論と聴解分析の演習をおこないました。でも、モレル先生のところよりもっとたくさんのことを、ニューヨーク・フィルハーモニックのリハーサルで学びました。カーネギー・ホールにはできるかぎり通いました。カーネギー・ホールにはもちろん、ありとあらゆる指揮者が来ますから。トスカニーニはまだ活躍していましたし、ブルーノ・ワルターは第一客演指揮者で、ディミトリ・ミトロプーロスが首席指揮者でした。こういった指揮者のリハーサルをたくさん聴いて、はてしなく多くのことを学びました。

リハーサルは公開だったのですか、それとも学生だけ見学を認められていたのですか。

どちらでもありません。でも、しぶとくがんばれば、道はかならずみいだせるものなのです。私はもちろん典型的なスウェーデン人で、内気な人間ではありましたけれどね。私がそこにもぐりこんだいきさつはじつにスリリングですよ。時は冬で、私はカーネギー・ホールのまわりをうろうろと忍び歩いていたんです。残念ながら建物は警備員によって監視されていました。警備員は何時間待ってもその場所を離れません。大柄の怖そうな男が私を見ていたのですが、いつのまにかそばに来て肩を叩くのです。ぞっとしました。ひそひそ声で私に「いい写真を見ないか」と言って、ポケットからポルノ写真を出して見せました。もうほんとうに恐ろしくなりました。写真が欲しいのでなければ、何をうろうろしているのかと訊きました。中に入りたいのだと答えると、男は無頓着に「ノープロブレム」と言うと、裏口から中へ案内してくれました。男は、このドアがいつも開いていることを知っていたのです。そうやって私はカーネギー・ホールのなかに入りました。桟敷《さじき》席のひとつに身を隠し、誰にも見つからないように身をかがめました。驚いたことに、私と同じことを考えている連中がいっぱい地べたに座っていました。みなこの入口から入ってきたのです。禁断の匂いのおかげで、すばらしさは二倍でした。あるときは蛮勇をふるって、スコアを持って平土間席にまで降りていったこともあります。トスカニーニの秘蔵っ子の若い指揮者、グィード・カンテッリのリハーサルでした。カンテッリはメンデルスゾーンの交響曲第四番《イタリア》のリハーサルをしていました。彼がどんな指示を出すかどうしても聞きたかったのです。しばらくすると、老齢の男性が付き添いの女性に支えられて入ってきました。そのご老人は口が曲がって、ひどく健康状態が悪いように見えました。娘さんに連れられたオットー・クレンペラーでした。クレンペラーもスコアを見たかったので私のそばに座り、二人でいっしょに同じ譜面を読みました。そんなことはニューヨークでしか起こりえません。

伝記を拝読しますと、バーンスタインにも師事されたとのことですね。バーンスタインは、ボス

トン交響楽団が夏の滞在地にしているタングルウッドのバークシャー音楽センターで指揮者クラスをおこなっていました。タングルウッド音楽祭はこんにちもなおすばらしいですね。しかし、音楽祭の時期には年度がかわり、奨学金の給付期間は終わっていたのではないですか？

そのとおりです。六月には帰国しなければならないはずで、お金も使いはたしていました。でも、タングルウッドの話を聞いて、どうしても行きたくなったのです。レナード・バーンスタインは当時、指揮クラスを毎年おこなっていて、それ以外の時期はニューヨークのカーネギー・ホールの向かい側、五七番街に住んでいました。私はバーンスタインをその住居に訪ね、彼のクラスに入れてほしいと頼みこんだんです。申し込みの締め切りはとっくに過ぎていました。でもバーンスタインはいつものように寛大で、私をクラスに入れてくれました。それどころか、私のためにタングルウッド用の奨学金まで世話してくれました。その奨学金がクーセヴィツキー賞だったのです。そのおかげで私はあらためてバークシャーでの音楽祭に全期間参加するためにタングルウッドに残ることができ、ミュージック・センターで勉強することができました。

レナード・バーンスタインはセルゲイ・クーセヴィツキーのボストンでの後継者でした。クーセヴィツキーは一九四九年までボストン交響楽団を指揮し、五一年に亡くなったので、バーンスタインは彼の愛弟子だったのでこのポストをずっと希望していたのです。しかし、その話はまったく実現しませんでした。ボストン交響楽団はあまりにも保守的だったのです。彼らはぜったいに若いアメリカ人のゲイの男を望まず、保守的なヨーロッパ人を希望しました。一九四九年、オーケストラはシャルル・ミュンシュを彼らのボスに選びました。ミュンシュはアルザス地方の出身で、主としてハンス・

プフィッツナーとカール・フレッシュに師事しました。ヴァイオリニスト時代にはゲヴァントハウス管弦楽団のコンサートマスターを務めています。戦争中はパリに移って指揮者として活動し、またその地からレジスタンス運動を支援しました。

タングルウッドで特別だったのは何ですか。

最高にいい雰囲気でした！　すばらしい大学オーケストラがあって、学生たちはほんとうにプロのような演奏の腕前なんです。信じられないようなレヴェルでした！　私はいまなお繰り返し定期的にタングルウッドに行っています。若者たちはしばしば偉大な人格者です。すばらしいホルン奏者のことを覚えていますが、彼は物理を専攻していました。学生はアメリカ全土からやってきます。

それで、かのカリスマ、レナード・バーンスタインの授業はいかがでしたか。ブロムシュテットさんにとっては、マルケヴィッチの厳しい教えとは好対照をなしたにちがいありません。

ええ、けたはずれにね。でも、タングルウッドではバーンスタインの姿をあまり見かけませんでした。彼はいつでもどこにいてもすべてのこと、とりわけ自身の作曲にいそしんでいました。講義はたいていバーンスタインの助手で、すばらしいピアニストのルーカス・フォスがおこないました。フォスは私たちと、なによりもまずピアノでスコアの分析をおこないました。しかし、レニー本人が来たときはみなお祭り気分になりました。指揮法そのものについては、彼からはあまり習いませんでした。彼は技術的なことにぜんぜん関心がなかったのです。それは彼独自の指揮スタイルからみてとれました。じょうずに合図を出すことができなかったのです。つまり、合図をじょうずに出すことはその気になればまちがいなくできたのでしょうけれども、そんなことにはからきし興味がなかったのです。しかし、彼からは音楽がほとばしり出ていました。まるで音楽の権化でした。人情ゆたかで、内からにじみ出るものがあり、まったく目をみはらせ、幻想的で、チャーミングなのに同時にとらえどころがありませんでした。ものすごく知的であると同時に、はてしなく感情的でした。ひとりの人間のなかでこういった特徴が一体となることはなど、めったに経験できません。ヨーロッパ人なら彼の流儀をともすれば誤解して、ショーだと感じかねないでしょう。しかしバーンスタインはじじつそういう存在であって、それが彼の自然な流儀だったのです。

それで、バーンスタインからは何を学ばれましたか。

彼の内から発するものを大事にする姿勢は徹底して私を解放してくれました。それは私にとってはまったくちがった音楽のやり方でした。バーンスタインの率直さ、先見の明、そしてあたたかさをもっと学びとることができたらよかったのに、としばしば思います。彼はすべてを求め、すべてをあたえ、すべてをなしとげることのできる人間でした。限界なんてまったく知らなかったのです。私たち弟子には幸運なことでしたが、彼にとっては不運でした。彼は若者を愛し、援助しました。でも自分自身を破壊してしまったのです。最後にはいつもアルコールに依存し、ウィスキーとニコチンなしには生きられませんでした。悲しくて見るにたえませんでした。

ブロムシュテットさんはバーンスタインと連絡をとりつづけましたか。のちにお会いになったことはありましたか。

はい。一度はミュンヒェンでリハーサルのときに会いました。二人とも「フィア・ヤーレスツァイテン（四季）」というホテルに滞在していて、バーンスタインが向かいの部屋で《トリスタンとイゾルデ》の放送の仕事のためにピアノでリハーサルをしていました。ノックをして部屋に入りました。バーンスタインはかなり酔っぱらっていて、女性がそばを通るとかならずお尻をポンと叩きました。一〇人か一二人くらいがそのスイート・ルームにいて、彼は人々を自分の所有物のようにあつかっていました。

性的にもまた限界を知らず、男にも女にも興味をもちましたが、音楽においても同様でした。交響曲とイディッシュ音楽、[5]《ミサ・ソレムニス》と《ウェストサイド物語》を演奏するのですから。それどころか、ワーグナーも。そもそも彼はワーグナーを憎んでいたのに。あるときこう言いました。「リヒャルト・ワーグナーのことは嫌いだ。しかし跪《ひざまず》きながら憎んでいるんだ」と。

飛びぬけてすばらしい歌手を配した《トリスタン》の録音はきわめて個性的でありながら、みごとな作品です。そしてバーンスタインはそのリハーサルも、音楽的な観点からみればとてもりっぱにおこないました。それにもかかわらず私は、彼が酒を飲み、ひどい態度をとるのを見ていることができず、一〇分いただけで退散せざるをえませんでした。最後に彼に会ったのは一九九〇年、ウィーン・フィルがサンフランシスコに来たときでした。公演のあいだ、舞台の後ろにアシスタントが立ち、コップ一杯のウィスキーと火のついたタバコを持って彼を待っていました。舞台から下がってくるたびに急いで——彼のことばで言うと、「ひとくちだけ（a little sip）」——ウィスキーを飲み、タバコを一服しました。でも彼はすばらしい音楽を演奏したのです。数カ月後、彼は亡くなりました。

まだタングルウッドにいらっしゃるときに、ストックホルム・フィルハーモニー管弦楽団を指揮してほしいという招聘を受けられたのでしたね。一九五四年二月三日にデビュー・コンサートを飾られました。しかしストックホルム・フィルといえば、トール・マンがブロムシュテットさんのために指揮の練習をする機会をお膳立てしてくれたのに、よりによって待ちぼうけをくわせたあのオーケストラですね。あのときの話はどこかへ行ってしまったんですね？

そのコンサートはたいへんな幸運にめぐまれ、母艦から戦闘機で発進するような大成功になりました。プログラムはバッハの管弦楽組曲第二番、ベートーヴェンのピアノ協奏曲第一番、ヒンデミットの交響曲《画家マティス》でした。批評はすばらしくて、バーンスタインはとても心のこもった手紙で祝ってくれました。こんな猛烈な反響があろうなどとは夢にも思いませんでした。二週間後にはもうスウェーデンの都市ヤーヴレのオーケストラから、首席指揮者のオファーが来ました。残念ながらこのポストを得ることはできませんでした。ゲネプロがつねに土曜日なんです。安息日には働きたくないと言い張ったので話は流れました。すぐその後にノーシェピンから招聘が来たときも、もちろん同じ問題が生じました。試用コンサートを二回おこなって、彼らは私の指揮で成果をあげられると確信したのですが、やはり毎週日曜日のコンサートのゲネプロが、つねに土曜日にありました。いま、何と言えばいいのか悩みますが、私も頑固だったのですね。楽団員は、土曜日のかわりに日曜日にリハーサルをしてもよいと決めてくれたのです。まさに奇跡でした。いま、キリスト教徒として振り返れば、そこに神の摂理を見る思いがします。ノーシェピンで首席指揮者をつとめた七年を通して、楽団員からサッカーの試合や日曜礼拝に行けなかったという不平を一度たりとも聞いたことがありません。あきらかに彼らにとってそれだけの値打ちがあったのです。オーケストラに歓迎されているというこの経験が、私の自信を猛烈に駆り立ててくれました。

ノーシェピンのオーケストラはいまではフル編成の交響管弦楽団ですが、当時は小編成でしたね。わずか三〇名の楽団員しかおらず、そのためレパートリーが限定されていました。

オーケストラには三〇人しか団員がいませんでしたが、彼らはまれにみる楽観主義と演奏することのとてつもない喜びにわきたっていました。そのうえ、このオーケストラは、初心者向けの良いオーケストラとして有名でした。たくさんのバロック音楽、ルネサンス時代の音楽、初期古典派、ハイドンやモーツァルト、それにディートリヒ・ブクステフーデ、オーランド・ギボンズ、トマス・タリス、ウィリアム・バード、ハインリヒ・イグナツ・フランツ・フォン・ビーバー、そしてもちろんバッハを演奏しました。なぜなら私はバッハに夢中だったからです。たとえばヘンデルの《メサイア》やバッハの《ヨハネ受難曲》など、カンタータやオラトリオを上演するための室内合唱団を創設しました。すばらしい合唱団でした。メンバーは私の提案をすべて喜んで受け入れてくれました。彼らの信頼は私にとっての最高の財産でした。二〇一四年には、オーケストラの創立一〇〇周年を祝うコンサートのためにノーシェピンに帰りましたよ。

若い指揮者としてさらに幸運だったのは、この定職をを得たおかげでついに結婚できたことです。妻ワルトロードとはすでに一九四六年から知り合いだったからです。彼女は例の戦後政策でハンブルクからスウェーデンへ送られてきました。ドイツの子どもたちを戦後の悲惨な状態から救いだし、養育するために施行された政策です。一九四六年にワルトロードはエーテボリの叔母のもとに移り、教職に就くために英語とフランス語を専攻しはじめました。一九五五年、私たち二人は父に結婚の祝福を授けてもらいました。妻はすばらしい、とても音楽的で信心深い女性でした。私たちの感じていた魂の調和はまさに神からの贈りものでした。残念ながら妻は歳をとって病気になり、二〇〇三年に亡くなりました。

ノーシェピンではブロムシュテットさんの四人の娘さんのうち二人が生まれましたね。

そうです。長女と次女、セシリアとマリーヤは二人ともそこで生まれました。そのうえ、音楽に夢中だった兄も、私がノーシェピンのポストを得たと聞くやアメリカから帰ってきました。私たちの近くにいたくて、ノーシェピンの病院に医師として就職したんです。兄にも娘が二人いて、セシリアとマリーヤの良い遊び友達になってくれました。すばらしい時代でした。そしてとうとう両親もノーシェピンに移ってきました。父はアドヴェンティスト教区の牧師になりました。一家全員がそろったのです。しかしノーシェピンでは残念なことに母が亡くなりました。母はリューマチでひどい障がいがあり、車椅子の生活でしたが、それにもかかわらずすべてのコンサートに来てくれたのです。

薬でリューマチの進行を抑えることはできなかったのですか。

痛みを緩和することしかできませんでした。でも、苦しみによく耐えたと思います。母はたいへん人づきあいのいい人でした。いっぽう、父はくそ真面目に仕事に取り組む人で、なにごとも一五〇パーセント深刻にとらえました。妻の病気は、父にとって大きな問題でした。実生活上の問題であったただけでなく、精神的にもそうでした。というのも、父は神に祈りさえすれば病気も治してもらえると考えていたからです。こういった信仰を誤って解釈すると、おそろしい葛藤に陥ります。なぜならば、人は神に何かをしてくださいと命令することができないからです。祈れば神をあやつることができるという考えは、もちろん邪道です。父は聖書をまったく文字どおりに受け止めていました。だから父は母の病気をほとんど罰のように感じていたのでした。

ノーシェピンの首席指揮者として居づらくなったのはいつですか。長くやるには小さすぎるオーケストラでしたが、それでも続けていかねばなりませんでしたね。

まず、あるごたごたが起こって、それが私にとって精神的なトラブルとなりました。ベルゲンの交響楽団からオファーがあったのです。天からの贈りもののように思えました。ノーシェピンでいくら幸せにすごすことができたにせよ、何年もの月日がたてばもちろんフル編成のオーケストラを指揮して、もっと大規模な交響作品を指揮できるようになりたくてたまらなくなります。そこで万事を話しあうためにベルゲンから来たリーダー格の男たちと落ちあいました。私のマネージャーのペール・ゴットシャルクからは、自分に相談せずに勝手に申し出を受けてはならない、と釘《くぎ》をさされていましたから、この取引のあいだじゅう、ゴットシャルクに電話するために何度も席をはずしました。ゴットシャルクはギャラをどんどん引き上げていきました。それが度を越して、三人の男たちは帰ってしまったのです。私はすっかり打ちひしがれました。このすばらしいチャンスをのがしてしまっただけでなく、すべてが水泡に帰したことの理由が不適切なものだと思えたからです。お金——それは私の流儀ではありません。恥ずかくてたまりませんでした。

数週間後にはオスロ・フィルハーモニー管弦楽団から申し出が来ました。オスロ・フィルは芸術的にはもちろんベルゲンよりさらにもっと魅力的でした。マネージャーはその話をなんらかの方法ですでにかぎつけていたにちがいありません。そのようにしていっけん不運に見えたことが幸福へと転じたのでした。

またしても新しい国へ行く決心をなさいましたね。一九六一年から六年間オスロの首席指揮者をつとめられました。ノルウェイのどういうところが特別だったのですか?

私はかの国、とりわけそのことばを愛しています。ノルウェイ語には独特のイントネーションがあります。どの文も語尾が上がって、まるで人なつっこい誘いのように聞こえます。オーケストラはずっと大きく、どんなことにもひるまないすばらしい楽団員たちでした。最初のコンサートで、まずイーゴリ・ストラヴィンスキーの《春の祭典》のノルウェイ初演がプログラムに載ったほか、ベーラ・バルトークの作品やノルウェイの作曲家オーラフ・ファルテイン・ヴァレーンの作品も上演しました。私はこのオーケストラの団員に支えてもらっていると感じました。とても積極的で自発性のあるオーケストラでした。のちにはマリス・ヤンソンスが指揮するようになりましたね。私がドイツに最初に客演できたのもオスロ時代のことでした。一九六五年のベルリン旅行をまだよく覚えています。当時のベルリン市長ヴィリー・ブラントがコンサートに来てくれて、快く歓談しました。ヴィリー・ブラントはノルウェイに長年住んだことがあり、ノルウェイ人女性と結婚していたのです。

一九七七年にコペンハーゲンへ移ることになったとき、オスロの総監督は私がいなくなることを文字どおり泣いて悲しみました。とても申し訳なくて、この判断はほんとうに正しいのだろうかと自問しました。コペンハーゲンはもちろんさらにメジャーなオーケストラでした。コペンハーゲンでは安息日の問題はもう話題にのぼりません。その話をすると、総監督はその問題はとっくの昔に解決済みだと言いました。オーケストラはデンマーク放送の音楽部門の一部で、当時北欧でいちばん大きなオーケストラでした。放送局はオーケストラを二つと優秀な放送合唱団をもっていました。総勢一〇〇人の放送交響楽団ともうひとつ、洗練された娯楽音楽のために総勢約五〇人の少し小さいオーケストラがありました。そこからすばらしい可能性がもたらされたのです。この二つのオーケストラをいつでも合体させることができ、巨大な編成の作品を演奏することができました。アルノルト・シェーンベルクの《グレの歌》とかグスタフ・マーラーの交響曲第八番などをね。

それにもかかわらず、予定より早くコペンハーゲンを去られましたね。なぜですか。

ちがった観点からみれば、やっかいな時代だったのです。オーケストラの要求が高かったのですね。というのも、ここにはかつてニコライ・マルコとフリッツ・ブッシュという二人の著名な指揮者がいたのですから。このオーケストラは一九二五年、宮廷歌手エーミル・ホルムによって最初の放送交響楽団のひとつとして創設されたのですが、彼らはホルムの幻影を長いあいだ見つづけていたのです。ホルムはこのオーケストラに、ルッジェーリ、グァルネリ、ガリアーノ、アマーティといったイタリアのマイスターの手による最高級の楽器をたくさんあたえました。エーミル・ホルムのみならず、ニコライ・マルコもフリッツ・ブッシュもこの世にいなくなっていたのに、私が赴任したとき、団員は年老いて昔の名声の上にあぐらをかいていました。演奏レヴェルは極端に下がっていました。現在はぜんぜんちがいますよ。オーケストラの平均年齢はとても下がって、たいへん良くなりました。しかし当時はものごとを根本からあらたに築きあげる必要があったのです。

オーケストラの総監督モーヘンス・アナセンは、大きな期待をもって私にその役目を負わせたのですが、アナセンとオーケストラのあいだは不信感に満ちていました。というのも、アナセンはオーケストラが嫌っていた現代音楽の熱狂的な擁護者だったからです。アナセンは私のなかに願わくば現代音楽の旗手という同志の意識があらんことを願っていたのでした。しかし、私は自分をオーケストラの代弁者であるとも感じており、心理的にむずかしい状態でした。さらに私はオーケストラに厳しくしすぎたようでした。彼らは音楽をむしろ楽しみたかったのです。

あるとき、ソロ・ファゴット奏者のレオ・リプシッツと話さなければならなくなりました。リプシッツにはもうソロ奏者としてのの要求にこたえられるだけの能力がなかったからです。第三ファゴット奏者と入れ替わってほしいと慎重に説明したのです。彼は承諾してくれましたし、私もひじょうに思いやりをこめて話すことができたと感じていました。しかし何年もあと、演奏旅行中に列車のコンパートメントに二人きりで座っていたときに、リプシッツが、このときやりとりがあまりにもつらく、自殺を考えたほどだったと胸の内を語ってくれたのです。それを聞いてとてもショックを受けました。いかんともしがたい葛藤です。真実を語らねばなりませんが、それでも人間味のある責任感も必要です。そうしたこともまた学ばねばなりませんでした。おもしろいことに、リプシッツとは後年親友になりました。じつに繊細で感じやすい人間でしたね。

コペンハーゲンではカール・ニールセンの交響曲全曲を録音されましたね。

モーヘンス・アナセンの野心的なアイディアでしたが、私は喜んでやろうという気になりました。カール・ニールセンは特別な、謎めいた雰囲気をかもしだす作曲家です。デモーニッシュなユーモアにあふれています。とてもまじめであると同時に愉快で、しかも高貴です。デンマーク人のユーモアはけっして人を傷つけません。けっして辛辣《しんらつ》になることはなく、辛口《からくち》でも同時にあたたかみにあふれています。それはこの国の国土に関係があると思います。天国的なのです。肥沃《ひよく》で、すべてが自生しています。すばらしい食べ物とみごとなバロック建築と中世の教会があります。

コペンハーゲン時代にすでにシュターツカペレ・ドレスデンの指揮を引き受けておられますね。

とても忙しくなりましたが、なんら問題はありませんでした。ところで、コペンハーゲンとドレスデンには伝統的なつながりがあるのですよ。シュターツカペレを六〇年近くも指揮した作曲家ハインリヒ・シュッツは、三十年戦争のあいだに二度、数年のあいだコペンハーゲンに滞在していますが、それは家族を養うためでした。一世紀のちには作曲家のヨハン・ゴットリープ・ナウマンがドレスデンからまずコペンハーゲンにやってきて、さらにストックホルムに行きました。

ストックホルムのスウェーデン放送交響楽団は、ブロムシュテットさんがドレスデンに在職中、一九七七年から指揮しておられた最後のスカンディナヴィアのオーケストラでしたね。まだ若いオーケストラで、一九六五年に創設されたばかりでした。当時はどちらにお住まいだったのですか。

一九六二年からストックホルム近郊のダンデリィに住んでいました。オスロ、コペンハーゲン、ドレスデンで仕事をしていたときもそこに住みつづけました。そうこうするうちに三女と四女のエリザベートとクリスティーナが生まれました。子どもたちには、私が若いころ経験したように、引っ越しを繰り返すことで根なし草にならないようにしてやりたかったのです。それでストックホルムはつねに変わらぬ私たちの故郷となりましたが、私自身はストックホルムで活動するようになるまでめったに帰ることができませんでした。赴任してみると、オーケストラはすでに卓越した技術的水準にありました。すでに六年にわたってセルジュ・チェリビダッケの厳しい訓練を受けていたのです。いまでもこのオーケストラに戻ってコンサートをするのは私の喜びです。

このオーケストラと仕事をした時期が、スウェーデン時代のクライマックスでした。作曲家のイングヴァル・リードホルムも加わった強力な三頭体制がオーケストラを力と深い思慮とで率いていました。加えて、ようやくふたたび家族のそばにいられるようになったのもすばらしいことでした。

にもかかわらず、ブロムシュテットさんはまたもや首席指揮者としての契約を、ストックホルムでも予定より早く解消されましたね。原因は何だったのですか。

私と契約した三頭体制のマネジメント・チームが他の経営陣によって追い出されてしまったのです。この経営陣によって首席指揮者としての私の権威が失墜《しっつい》したと感じました。

いやなことが起きました。あるときは、私がドレスデンに行って留守にしているあいだに、契約に反して私に無断でオーディションがおこなわれ、知らないあいだに新しいフルート奏者が雇われていました。また、相談もなくエフゲニー・スヴェトラーノフの指揮でイギリス演奏旅行がおこなわれました。新しいマネジメント・チームはあきらかに、首席指揮者の権限がどこまでおよぶかについての配慮を欠いていました。契約を予定より早く解消しようという気になったのは、このことが原因です。

私のあと、エサ＝ペッカ・サロネンが首席指揮者になり、オーケストラと私の関係はふたたび修復されました。離任後五年たってはじめて、あるコンサートのためにスウェーデン放送交響楽団の指揮台に戻りました。それだけでなく、二〇〇五年には名誉指揮者の称号を授与してくれたのです。

注

［1］――これは通貨で、一エーレは一〇〇分の一スウェーデンクローナ。現在一クローナは一四円くらいなので、その一〇〇分の一である一エーレはごくわずかな金額を意味する。

［2］――Numerus clausus。高校卒業試験の成績しだいで進学可能な大学、専攻を決めることができた制度で、こんにちもなお実施されている。

［3］――一オクターヴの一二の半音すべてを含む音列の操作による作曲技法を十二音技法といい、この音列の操作を音高だけではなく、音価、強度、音色といった他のパラメーターにも適用して全体にわたって繰り返しを否定し、秩序づけた音楽をセリー音楽という。

［4］――旧版の邦訳は、ダニエル・バレンボイム著『音楽に生きる――ダニエル・バレンボイム自伝』（蓑田洋子訳、音楽之友社、一九九八）。

［5］――ドイツ語の一方言とみられ、ユダヤ人のアシュケナージ派とよばれる一派のあいだで使われる言語。イディッシュ音楽はこの言語を使うユダヤ人の音楽。

1945年ころのブロムシュテット一家（エーテボリにて)。左からノルマン（兄)、アリーダ（母)、マリータ（妹)、アドルフ（父)、ヘルベルト

兄ノルマン（左）と。
1931年ごろ、
ニューヒュタンにて

1945年、
高校卒業試験にさいして

©Privat

妻ワルトロード、長女セシリアと。
1958年、ノーシェピンにて

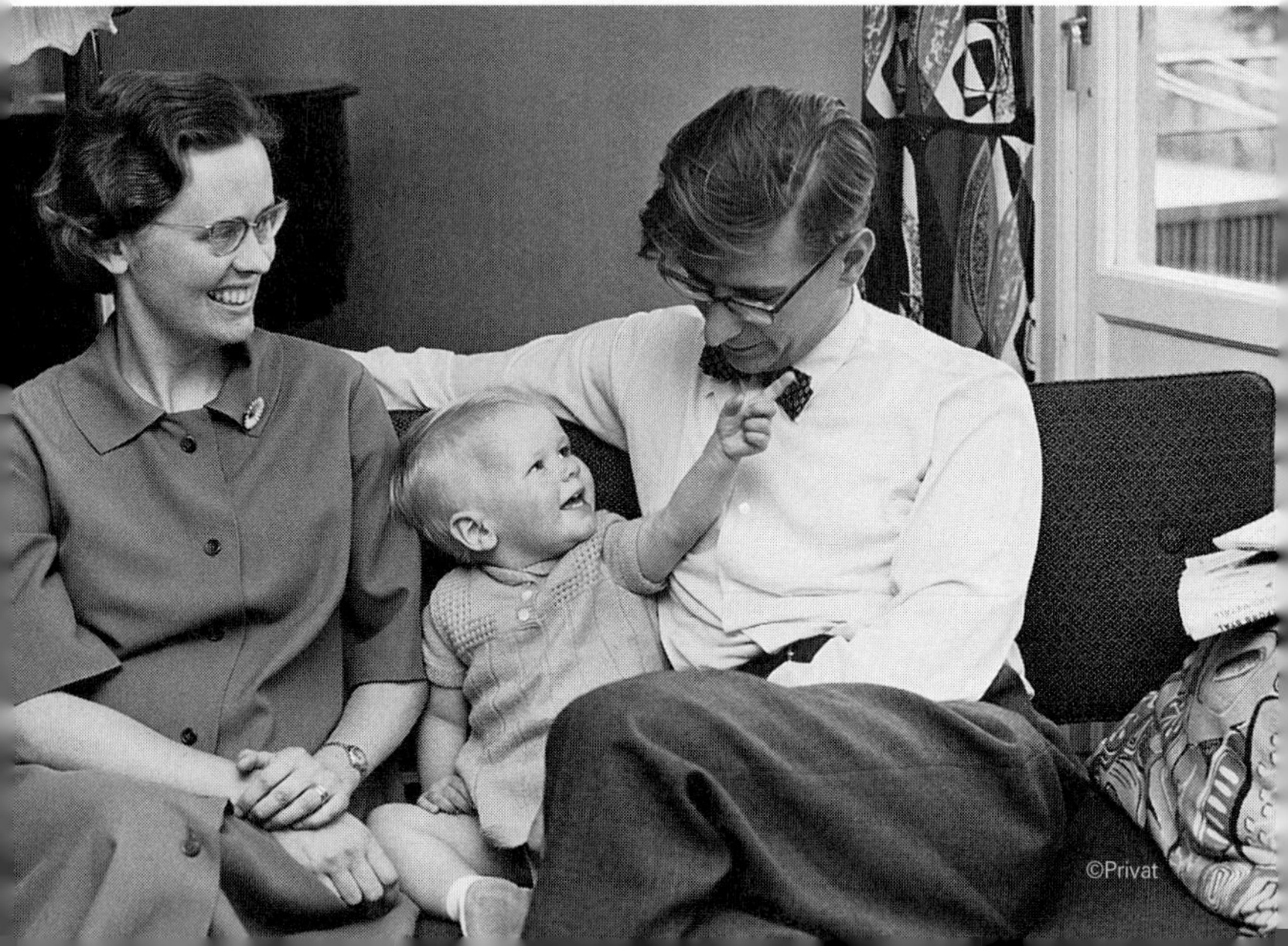

©Privat

© Privat

1953年、タングルウッドにて

ヴォルフガング・シュナイダーハン（右）と。1972年ごろ、ドレスデンにて

© Wolfgang Wahrig

ブルーベリー狩りのあと、サンフランシスコ交響楽団の総裁（右）と。
1989年8月、ブングストストルプにて

サンフランシスコ・ジャンアンツの始球式にて

クラリネット奏者ザビーネ・マイヤー（左）と。1985年、ドレスデン、ゼンパー歌劇場の前で

クルト（中央）とバルバラ（右）のザンデルリング夫妻と。
1974年、東京にて

ベルリン・フィルハーモニーでのリハーサル。2014年6月

© Wolfgang Wahrig

ピアニスト、マウリッツィオ・ポリーニ（右）とシュターツカペレ・ドレスデンとの共演にさいして

© Susann Ziegler

© Hans Pölkow

ピアニスト、エミール・ギレリス（右）と。
1974年、ドレスデンにて

首席指揮者（カペルマイスター）への就任式のあと、祝辞を述べたユーディ・メニューイン（右）と。1998年、ライプツィヒ・ゲヴァントハウスにて

フェリックス・ルートヴィヒ製作のグリーグ胸像の前で。
2010年、ライプツィヒにて

第5章

「作曲家は最初にして最後の権威である」

ブングストストルプ訪問のさいに

——作品の分析、解釈、オーケストラとのつきあい方ストックホルムから西にゆうに二〇〇キロ離れたエレブロの近郊に、ブングストストルプというスウェーデンの夏の避暑地がある。ブロムシュテットがそこで夏休みをすごしているところを訪問した。湖のすぐ近くの屋敷はもともと夫人の母方の家族の所有地であったが、現在はブロムシュテットの末娘クリスティーナが夫と二人の子どもとともに住んでいる。

ブングストストルプには数戸の木造住宅しかなく、その木造住宅はこの地域独特の赤銅《しゃくどう》色のファルーンカラー〔顔料のひとつ〕で塗装されている。ブロムシュテット家の土地は人気《ひとけ》のない大きな湖の畔《ほとり》に近く、背後には森がせまっている。ブロムシュテットがキノコ狩りに熱中する森である。まさに牧歌的風景だ。クリスティーナの馬たちは牧草地で草をはみ、庭には花が咲きみだれ、果樹とベリーの茂みが果実の重さで頭《こうべ》を垂れている。湖には船の係留や沐浴《もくよく》に使う小さな桟橋《さんばし》がある。母屋のとなりにはさらにもうひとつ小さな家があり、それは昔、使用人が使ったいわゆる夏場の離れのようなものである。この離れにはリヴィング・ルーム、寝室、キッチン、浴室があり、すべて木製でとても簡素なままにしてある。窓から眺めると湖が見える。ここでブロムシュテットは夏場を過ごし、次のシーズンに備える。私が訪れたとき、ゲヴァントハウス管弦楽団との音楽祭ツアーが間近にせまっており、彼はその準備をしていた。目の前のテーブルにはスコアがいくつも置かれ、なかにはベートーヴェンの交響曲第五番があった。

＊

ちょうどベートーヴェンの交響曲第五番を調べていらっしゃるところですか。

そうです。ひょっとすると一〇年、いや一五年以上もこの曲を演奏していませんでしたが、こんどゲヴァントハウス管弦楽団で指揮することになっています。いまベートーヴェン交響曲全集の新録音をやっていて[1]、それでスコアをあらたに分析しなおしているのです。

ブロムシュテットさんがスコアにどのように取り組まれるのか興味があります。

お見せしましょう。私のやり方は、イーゴリ・マルケヴィッチに学んだスコア分析の方法に立ち帰るものです。オーケストラの前に立つとき、作品にかんする本質的なことすべてを知っておきたいと強く感じます。準備がいいかげんだったり、メロディだけに耽《ふけ》っていてはいけません。

そうなりがちですよね。

（笑）まったくです。作品の構造を頭と体に覚えこませておかねばならないのです。ひとつの作品のなかに生きているほどに修得するためには、その作品がどのようにつくられているかを正確に知らなければなりません。古典派とバロックの音楽では、まず作品の楽段構造を理解することです。

ブロムシュテットは交響曲第五番のスコアをひろげ、弦楽器の旋律的フレーズを示し、歌って聴かせてくれた。それから、このフレーズがどこでどれほどの頻度で繰り返され、変化をつけられるかを語った。ウィーン古典派は、動機とフレーズの短縮をおこなう。たとえば四小節であったものが、繰り返しているうちに二小節に半減されることもある。その場合、後楽節は二度繰り返される。フレーズの構成要素も同時にさまざまな楽器群に引き継がれていく。ブロムシュテットはこの発展を数にしてとらえ、スコアの端に数字を書きとめた。

形式の楽段構造を頭に入れたら、もちろんまだ多くの異なったパラメーターが加わりますから、それも分析せねばなりません。楽器法、旋律法、動機労作[2]などです。楽段構造の話から始めますね。それは一九五〇年にいたるまで、こんなふうに機能をはたしています。アルノルト・シェーンベルクの作品もこのようにして分析することができます。むろんそれ以外の観点も加わりますが。しかし主題労作という点では、シェーンベルクもまだブラームスと同様に作曲していたのです。一九五〇年以降は根本的に異なった構造によってつくられた音楽が問題となります。そのためには異なった分析方法を開発しなくてはなりません。

ジョン・ケージの「偶然性の音楽」ではこの方法は完全に限界に達しますね。ケージの音楽はそもそもなんらかの方法で分析できるのでしょうか。

立派な音楽にはつねに脈絡があります。その脈略を見つけだされねばなりません。それがだいじなのです。

ブロムシュテットはイングヴァル・リードホルムの《ポエシス（Poesis）》のスコアを取り出して

きた。リードホルムは一九二一年、スウェーデンのヨンショピンに生まれた。ブロムシュテットはそこで子どものころの数年間を過ごしている。リードホルムはエレブロの交響楽団を指揮していたが、スウェーデン放送の室内楽部門の主任となり、一九七五年までストックホルム音楽大学の作曲科の教授として活躍していた。彼はドイツではほとんど知られていないが、ブロムシュテットが高く評価している北欧の作曲家のひとりである。

これは、五〇年前の世界初演時のスコアです。この曲をもうすぐミュンヒェンで上演するつもりです。

彼はスコアをひろげて献呈の辞を読みあげた。

「これはヘルベルトへの献呈本である。みごとな世界初演に感謝申し上げる。一九六三年一月一四日、イングヴァル・リードホルム」

楽譜はリードホルムの手稿のコピーです。ほら、ここの記譜法は従来のものとまったくちがって見えるでしょう。たとえば、小節の区切りがまったくありません。それどころか、演奏者がまったく自由に演奏しないといけないパッセージもあります。そこでは指揮者は時間を指示するだけで、リズムの指示をあたえてはいけません。しかしこの作品もまた正確に構成されているのです。

ブロムシュテットはスコア全体に目を通し、歌いながら、また解説しながらその作品の構造を説明してくれた。そのさい、オーケストラはどのような合図をどこで必要とするか実演してくれた。彼の表現を見ると、指揮とはきわめて実用的なことがらであり、天才的カリスマのロマン的イメージからはほど遠い。しかしそれと同時に、その分析の解説はきわめて表現力ゆたかで、作品がとつぜん目の前に現れて、それが聞こえてくるのではないかと思えるほどであった。

ブロムシュテットさんはイングヴァル・リードホルムのどこに魅了されているのですか。

リードホルムはとても独創的な作曲家です。作品数は多くないけれども、ひとつひとつの作品が唯一無二のものでした。そもそも彼はまったく同じことを繰り返さず、いつもまるで異なったしかたで作曲しました。この作品を私は一九五〇年代に、イーゴリ・ストラヴィンスキーの《春の祭典》、ワーグナーの《トリスタンとイゾルデ》の〈愛の死〉といっしょに演奏しました。若い指揮者の演奏ではこういったものを聴きたいと人は思います。ベートーヴェンの《第九》はむしろヴェテランの指揮者の演奏で聴きたいと思うものです。残念ながらリードホルムの作品はオーケストラに嫌われてしまいました。

しかし状況は変わりました。私は《ポエシス》を、すでにさまざまな場所で演奏しています。ライプツィヒ、アムステルダムのコンセルトヘボウ、二年前にはドレスデンでね。そこでは聴衆だけでなくオーケストラも同じく熱狂しました。批評家ですら、リードホルムの《ポエシス》にはいつも魅了されるのですよ。演奏の前にいつも短い解説をおこなうことにしています。そうすれば聴衆はよりうまく作品に入っていくことができます。この作品はもう作曲されてから五〇年になりますが、多くの現代音楽よりもモダンに聞こえます。そしてその斬新さにもかかわらずとても色彩ゆたかです。だから現代音楽をぜんぜん知らない聴衆にもわかりやすいのです。

何が言いたいかというと、そのような現代的作品もむろんのこと、異なった分析方法を要求するということです。しかし、ここでもまた、作品をどう解釈するかということは分析から直接導きだされます。だから解釈とは、作品に後づけであてはめられるものではないのです。解釈とは、その作品をどのように知的かつ情緒的にとらえるかというところから直接生じるものなのです。指揮者はみな、感じ方はそれぞれ異なります。だから解釈はおもしろいのです。可能性はかぎりなくあります。しかし私にとって作曲家は、いつも最初にして最後の権威でありつづけるのです。

指揮者は自分の音楽的なイメージを、そもそもどれくらいオーケストラに伝えることができるのでしょうか。

それは指揮者によってひじょうに異なっており、指揮者の個性に強く左右されます。忘れてはいけないのは、指揮者がオーケストラの前に立つとき、そのオーケストラはその作品を、ひょっとするとすでに何度も繰り返し演奏してきたかもしれない、ということです。だからオーケストラ団員のひとりひとりがその曲がどんなふうに響けばいいのかというイメージをみずからもっているのです。楽団員のそういったイメージの上に音楽を築いていかねばなりません。すでに完成した考え方をオーケストラに押しつけても意味がありません。指揮者はオーケストラといっしょになって解釈をつくりあげることしかできません。指揮者として私は、クァルテットの奏者のように感じることも少しあります。指揮者は特別な責任を負っていますが、私が何をするにしても、楽団員がいなければ意味がありません。楽団員がしてくれることをとてもありがたいと思っています。多くの場合、楽団員が指揮者に示すのは些細《ささい》なことです。ちょっとしたテンポの遅れ、弓にちょっとだけ力を入れることなどです。こういった提案もとりあげる必要があります。そうすればコミュニケーションが一方通行にならないですみますから。

指揮者はオーケストラとは、主としてことばを使わないでコミュニケーションをしますね。それはどのていど正確にできますか。

身体的なもの、つまり指揮の身振りはもちろん、若いころに身につけた技術の上に築かれます。学習してできるものではありません。自然と身につくものなのです。学生時代に身につけることのできる体の動きはたしかにあります。しかし、そのような動きを基礎にして、正統的な動きとジェスチャーによる表現の形式を自分で見つけなければならず、その形式は、彼自身が聴きたいと思うものと一致しなければなりません。その大半を自分で開発しなければならないのです。

師匠のマルケヴィッチは弟子たちに基本的な指揮技術を教えなかったのですか。

マルケヴィッチはじっさい、それぞれのジェスチャーが何を意味するかという取り決めが必要だと信じていました。誰もが守らなければならない基本的な指揮技術を教えていると思っていたのです。

たとえばダニエル・バレンボイムのように、きわめて個性的なヴァリエーションはあるにせよ、それはマルケヴィッチの弟子全員にみてとれます。たしかに基礎というものはありますね。他方、基礎技術をまったく守らない有名な指揮者もいます。マルケヴィッチからは両手で並行して指揮をするなと習いました。楽団員は両手を同時に見ているわけではないから、まったく無意味だというのです。

指揮の技術のなかでいちばんだいじなのは何ですか。

指揮者はどのような響きがするか正確に知っていなければなりません。そうすればその響きが得られます。私もマスタークラスで教えるときによくやるのですが、ある箇所をどんなふうに鳴らしたいか、まえもってなにも言わずに、オーケストラが見たとおりに反応する様子を指揮の学生に実演してみせるのです。というのも、多くの初心者は逆のことをやるからです。初心者は合図を出してから、その合図におうじて出てくる音楽を指揮します。誰でもやりたくなるような簡単なやり方です。でも、それは楽団員には気に入られません。楽団員は、どこへ向かっていくのかを指揮者に示してほしいのです。

なかには不正確な拍子のとり方しかしないのに偉大な指揮者がいますね。ヴィルヘルム・フルトヴェングラーのことをどうお考えになりますか。彼は謎めいた身振りと声で、オーケストラとコミュニケーションをとっていました。

フルトヴェングラーは魔術師的な音楽家だったので、楽団員はそれを受け入れたのです。フルトヴェングラーとはみないっしょに演奏したかったし、賢い指示やエレガントな技術などをかならずしも期待していたわけではなかったのです。異次元のレヴェルでコミュニケーションがおこなわれていたのです。

かつてのベルリン・フィルのソロ・ティンパニ奏者であったヴェルナー・テーリヒェンがこんな話をしています。ある客演指揮者がリハーサルで指揮をしていたのに、フルトヴェングラーがホールのいちばん後ろのドアから入ってきた瞬間、オーケストラの響きがあっという間に変わったとか。これは神話ですか、それとも真実でしょうか。

その話にはきっとほんの一抹《いちまつ》の真実があると思いますよ。雰囲気と集中力の問題です。フルトヴェングラーはとてつもなく柔軟でした。音を引き延ばしたり、とつぜんテンポを揺らしたりしました。でも、フルトヴェングラーは作品にひそむ音楽的ドラマをとらえていたのです。それが彼の魅力をつくりだしていました。フルトヴェングラーを聴いていると、しばしば「線」が見えなくなることがあります。しかし、ひとつひとつの劇的瞬間の発露は並はずれたものでした。

マルケヴィッチが講義で、ベートーヴェンの《エグモント序曲》の解釈をトスカニーニとフルトヴェングラーとで比較したことがあります。この二人の指揮者はおたがいに遠くかけ離れていたので、ちがいがすっかり明らかになりました。トスカニーニには誤解の余地なく拍子をとる完璧な技術をもっています。トスカニーニが振ると、序曲の冒頭部は突き刺すように正確で明らかでした。フルトヴェングラーはなんともいえないジェスチャーをして、序曲の冒頭部分で漠然として間接的な、ヴェールにくるまれたような響きをつくりだしました。彼はそうしたかったのです。

するとと指揮者は演奏のいついかなるときも、オーケストラがどのような合図を必要とするかよく考えないといけないのですか。

オーケストラが必要とするのは、なんといっても精神的・霊的なエネルギーなのです。リズムをきざむことも必要です。しかし一般に考えられているよりもずっと少しでいいのです。音楽家にも耳がありますから、彼らの耳を刺激してやればいいのです。耳は目が見るすべてのものよりずっと正確に反応します。とてつもなく敏感なのです。ほんのわずかなずれにも電光石火のごとく反応し、良い音楽家はそれにおうじてすぐさま調整するのです。奇跡のようなことが可能なのです。にもかかわらず、楽団員はもちろんある種の合図を必要とします。でも、合図が多すぎるとむしろ注意をそらしてしまいます。極端な場合、楽団員は「指揮者には前で勝手に振らせておいて俺たちは好きなようにやろうぜ」と考えてしまいます。しかし、指揮者から発散するものが、ほかでもない霊的なエネルギーであって、そこには意志があり、概念があることに楽団員が気づくや、彼らは喜んで指揮者にしたがいます。楽団員はなんと早く理解することだろう、と感嘆することがしばしばです。指揮者は状況がゆるせば、ひとつのプログラムの用意に何年もかけることができます。もしそうしたければね。でも楽団員にはそれができません。楽団員は毎週新しい演目を演奏しなければならないので、即刻理解する必要があるのです。

お弟子さんに、良い指揮者になるためにはどんな資質を備えていなければならないかときかれたら、なんとお答えになりますか？

良い音楽家でなくてはなりません。良い音楽家とは、リズム、メロディをじょうずに表現できる人であるだけでなく、よく聴いて、先入観をもたずに作品に取り組むことのできる人です。指揮者は最初の聴き手です。指揮者はまっさきに自分のイメージのなかで聴き、次にオーケストラの響きを聴くのです。じじつ、指揮者は物理的にも音楽を最初に聴く――つまり聴衆が聴くより前に聴く人なのです。もちろん、そのさいの時差は極限まで小さいとはいえ、オーケストラと指揮者のあいだでは情報が電光石火のごとく交換され、この情報交換すべてが聴き手に到達するわけです。だからこそコンサートは唯一無二の、一回きりの体験となるのです。ただし、「選択的聴取」の限界を超えることができたときのみにね。

「選択的聴取」とはどういうことですか。

アメリカでおこなわれた選択的認知にかんする有名な心理実験があります。被験者はひとつの球を使ったあるゲームを見せられるのですが、そこでは、一方のチームは白い服を着て、もう一方のチームは黒い服を着ています。課題は白チームが何回、また黒チームが何回ボールを取ったかを数えることです。結果を訊かれて、被験者たちはほぼ正しく回数を数えていました。次に、「ゴリラ男」は何度画面に現れたかと訊かれ、被験者たちはみなすっかり驚いてしまいました。ゴリラ男なんて被験者の誰ひとり見ていなかったのです。続いて再度ビデオがまわされたのですが、いまやゴリラに扮した男が画面のまんなかを走り抜け、まんなかで立ち止まり胸をバンバン叩いたことを誰も見逃す余地がありませんでした。被験者は数えることに集中していたので、ゴリラ男を完全に見落としていたのです。これはひじょうにおもしろい実験です。人間がいかに選択的にものを見ているかを示すからです。

まったく同様に、人間は選択的に聴くのです。あるところで美しいメロディが、また別のところではクラリネットのソロが聴き手の注意をひきます。そしてそれ以外に生じていることはまったく認識していません。だからスコアを研究するときは、作品に貢献するひとつひとつのディテールを認識し、熟知していなければならないのです。というのも、そうやってはじめて作品を聴くこともまたできるようになるからです。指揮者が聴いていないことを、聴衆が聴くことはできません。

オーケストラの仕事には心理学はどれほど重要なのでしょうか？

心理的なことがらはリハーサルにおいてはきわめて重要だと思います。とりわけ信頼性という問題がだいじなのです。人間はみな、あるものがほんものであるか、またまがいものであるかを直観する能力をもっています。音楽家はこの点ではトレーニングを積んでいるので、とくべつ敏感なのだと思います。直観があればよりよい人間になれるわけではありませんが、しかしより多くのことに気づくことはできるようになります。また演奏中のいかなるごまかしも、ほんものの音楽家ならひどくまずいことだと感じるものです。指揮者が、どれほど自分が有能か、どれほど情熱をもっているか、ただそれだけを見せようとしても、全体が音楽にもとづいているのでなければ、それはたんなる誇張に聞こえて、とても不快な感じをあたえるものです。

ほんものかどうかに敏感であることは日常生活でも同じように通用しますか。すぐれた音楽家は人の話す調子でその人が正直か、嘘つきか、ふつうの人よりも簡単にわかるのでしょうか。

ええ、そう思います。しかしだからといって思いあがってはいけません。それは自動的に判定できるものではありませんから。

とてもわざとらしく、あるいは誇張して音楽を奏でるにもかかわらず、大成功をおさめる音楽家の例がありますね。

派手なものには、もっとも鈍感な人でも簡単に気づきますからね。私はそんなものはもちろん好きではありません。しかし、こういった音楽家でも、もっとまじめな解釈へのせめて入口だけでも用意してくれるだろうと考えたいとは思います。でも、オーケストラのなかではそれは通用しません。というのも、オーケストラと指揮者の関係はニュアンスに満ちており、デリケートなのです。指揮者はオーケストラの前ではまっぱだかになってしまうのだと思います。もっともたいせつなのは、聴いたことに反応することであって、家で考えて用意していたことを言うことではないのです。それでもなお、指揮者は賢く反応しないといけません。ある楽団員が出した音が高すぎたとしても、指揮者はそれを指摘してはいけません。楽団員は最終的には自分のまちがいに気づきますし、しかもたいていの場合、うっかりやってしまったことなのですから。

指揮者が雄弁だと、オーケストラの楽団員はどのみち興味を失ってしまうものだとしばしば聞きます。楽団員は演奏したいのであって、議論したいのではない。このことはブロムシュテットさんの経験にもあてはまりますか。

本質的なことだけしか言ってはいけないのです。楽団員が具体的に実行し、加工できることだけを言うのです。昔は指揮者はもっと美辞麗句をならべたてたものでした。師匠のトール・マンはいつも短いけれども華やかな言いまわしで指示をあたえ、それをオーケストラは愛しました。運がよければほんの数語だけで想像力を刺激することができます。しかし、私はどちらかというときわめて具体的で技術的な指示のほうが好きです。その指示が正しければ、それ以外のものはおのずと生じるものです。いちばん良いのは、オーケストラにまずいちど五分か一〇分くらい演奏させてからストップをかけること。いちいちすべてのポイントを修正しないことです。そんなことをすればオーケストラは不安定になり、集中力が失われます。そのものすごくひどい例を、ライプツィヒ時代のはじめのころに体験しました。

当時、ヴォランティアで活動しているアマチュアのフィルハーモニー合唱団がありました。それはすばらしいことですが、ただし良い合唱指揮者がいればということです。合唱団のメンバーは指揮者を馘首《くび》にしたがっていて、一回リハーサルをきいただけでその理由がわかりました。合唱団はバッハのコラールを歌っていましたが、合唱指揮者は二小節ごとに止めるのです。「ここは〝嬰へ〟ではない」と叫んで、手本を歌いました。さらに二小節後に指揮者はまたコーラスを止めて、なにか叫んでまた手本を歌いました。耐えられないことでした。合唱のメンバーはまったく音楽を奏でるにいたりません。そんなときは、まさにアマチュアこそ、なにかを創造している、かたちづくっているという感覚が必要なのです。正しい音がいかに重要であるにせよ、音の高さなどなにかのついでにちょっと触れればよいのです。そして、音楽家はけっして叱ってはいけないのです。繊細な音楽家であれば、そのことでまる一日を台なしにしてしまうかもしれません。それもまた不必要なことなんです。音楽家は、人が聴いているということに気づけば、おのずと注意深くなり、ベストをつくしてくれるものだからです。

リハーサルをうまくやれるかどうかは、何よりも経験がものをいいます。最初は誰ひとり経験がありません。オーケストラと指揮者の関係がうまくいかなくなったら、窮地《きゅうち》を脱するには現代音楽を演奏するしかありません。現代音楽は全員にとって新しいものであり、どのように演奏すればいいのか教えてもらえるのはありがたいことだからです。そこでは全員が対等の立場です。古典作品よりも現代的な作品を指揮するほうがはるかに簡単なのです。かつては私も現代音楽の作品をたくさん演奏したものですが、いまとなっては他の指揮者にまかせればいいと思っています。

長年指揮をしておられて、まだ舞台であがることはありますか。

ストックホルムにいる友人で現地では最高の音楽批評家のひとりである男が、あるとき私に言いました。「いつのまにか君がオーケストラの前に立つだけで、メンバーがすぐさまじょうずに演奏するようになったね」と。

もちろんそれはとても耳には快いことばですが、事実ではありません。じゅうぶんに準備ができていないのではないかという不安につきまとわれます。いつも不安にとりつかれています。要求はあまりにも高く、予測できない突発的なできごとにいつみまわれてもおかしくないのです。新しい演目の最初のリハーサルが良い具合に終わると、いつもほっとします。

おっしゃることをうかがっていますと、ほとんど最初のリハーサルの前の緊張のほうが、コンサートそのものの前よりも強いように感じられます。

最初のリハーサルの前の緊張のほうがはるかに強いです。ゲネプロ［本番前の通し稽古］までに仕事はそもそも終わっています。ゲネプロはコンサートのようなものですが、コンサートではいつもさらに別のなにかが加わります。それはとてもエキサイティングなものです。しかしリハーサルは一〇〇パーセントうまくいき、仕上がっている必要があります。コンサートで——ときにはすでにゲネプロでも——予想外のなにかが訪れると、それは天からの賜物《たまもの》だと感じます。それはいつも奇跡なのです。たいていの場合、こちらの期待をさらに上まわるすばらしい楽団員がいてくれるのです。

奇跡はどこにあるのですか。できばえのよい公演が日常を超越した経験にまでいたるには、何が起きねばならないのですか。

ディテールをより深くより正確に聴けるようになればなるほど、解釈は豊かになります。音楽のもつ美しさは、たった一小節のなかに多くの異なる感情をいちどに表現できるところにあります。下のほうは暗く、上のほうは明るい。ここは暖かく、あちらは恐ろしげだ。音楽はこれらすべてをいっぺんに表現することができるのです。まえもって念入りにリハーサルをしておけば、この豊かさがコンサートのなかで、いまいちど独自の生命を開花させることができるのです。そのとき、もういちど新しい次元が開けるのです。

音楽はたくさんの意味の跡をいちどに残すことができます。これは、音楽が言語にたいして優位にある点ですね。でも、それを見つけだす願望とセンスをもたねばなりません。文字どおりの意味はありませんから。

音楽は伝達的性格とメッセージをもっています。作曲家は冗談でぼんやりと作品を書いているわけではなく、なにか言いたいことがあるのです。たいへん抽象的なことかもしれませんが、メッセージは存在するのです。そしてそのメッセージはいつも人間に、その頭と心に関係しているのです。音楽を聴くとき、人はまるで双眼鏡で見るように人生の一部を見ています。音として響くものはすべて、人生にそれに相当するものがあるのです。音楽家はそれに相応するような人生経験をもっていなければ、音楽にそれらしい響きをあたえることができないとも思います。もし心の痛みというものを知らないとしたら、どうやってそれを音楽のなかで表現できるでしょう。人生経験がなければ楽譜だけを演奏することはできても、その背後にひそんでいるものを表現できません。それはとても神秘的で、きわめて多義的で、定義することのできないものです。作品の多義性にかんしていうなら、最終的にはさらにホールにいる二〇〇〇人もの聴衆が加わるのですよ。ひとりひとりがまた、その個人的なバックグラウンドにおうじて異なった聴き方をするのです。コンサートのあと楽屋に来てくれる人から、そうした話を聞くことがあります。

音楽にメッセージがあるのなら、作品のまちがった解釈もありえるのですか。

はい。でもそこにはっきりとした境界はありません。

もちろんそうですよね。どの指揮者も異なった視点をもっていると言いたいだけです。ただ、こうした視点は純粋な好みの問題ではなく、指揮者あるいは聴き手の主観的な好みにまかせられているだけではないでしょう。

そうですね。たいていの場合は共通の分母があります。もちろんたくさんの変種があります。まったくの誤解寸前の演奏はまれです。しばしば欠けていて残念に思うのは、より繊細なニュアンスなのです。

としますと、音楽表現の意味はひじょうに自由に（offen）になりますね。というのは、音楽は音響だけからなりたち、とらえようもなく、はかなく時間ののなかを通りすぎてゆくものですから。音楽をしっかり引き止めておくことはできませんね。

音楽はあらゆる芸術のなかでもっとも精神的・霊的なものです。音楽の霊性は、声楽よりも器楽においてさらに前面に出てきます。声楽ではことばがいつも少しばかり気をそらしますから。器楽においてメロディは独立した存在を表しています。言語や教育に関係なく、誰もがメロディと一体になれます。器楽もまたドラマに満ちています。音楽は普遍的な言語です。しかし、私たちの社会の教育が手薄になればなるほど、音楽を理解する人がますます少なくなっていくのではないかと怖れています。芸術教育は下り坂です。子どもたちはもはや学校で歌わないし、もうほとんど音楽の授業はありません。音楽学校は閉校になり、直接何かの役にたつと証明できないものはすべてだんだん消えていきつつあります。それが原因で審美的能力が退化してしまうのです。

たとえばブルジョワの家庭で音楽を楽しむことがとうぜんだった一〇〇年前にくらべれば、もちろん聴衆は異なったレヴェルにありますね。しかし、人間が昔ほど音楽的でなくなったというわけではありません。偉大な作品を理解するには、どれほどの音楽教育が必要だとお考えになりますか。

もって生まれた素養はまったく必要ないと思います。心をひろげていればいいのです。それから誰もがこの能力を自分でさらに育ててあげねばならないのです。どこからでも始められます。音の陶酔感や美しいメロディの感覚に圧倒されることもありえるでしょう。そういう陶酔や感覚のとりこになると、もっと聴きたいという渇望をおぼえ、聴けば聴くほど多くを聴きとることができ、作品に聴きいることができるようになります。この点にかんして私は少しも悲観していません。こういった能力は根本的に失われるものではありません。しかしそれはよく磨かれる必要があるのです。それも最高の才能の持ち主によってね。真正の失音楽症、つまり音痴の人はごくごくわずかしかいません。それはリズムもメロディも感じることができない病気のことです。ほとんどの人が音楽を聴く能力をもちあわせているのです。私たちの時代の悲劇は、子どもが往々にして親からも学校からも音楽的能力を発揮できるように背中を押されることがないことです。ポップ・カルチャーはあまりにも騒々しいので、心のいちばん内側にあるもっと小さな声をかき消してしまいます。極端に危機的な状態に陥ったとき、ひょっとするとこんな騒々しい浅薄な文化のなかでは生きていけないと気づいてしまうかもしれません。そうなるとひどい困難に陥ります。

でも、音楽はまさにそういった状況においてカタルシスをもたらします。音楽はひどく残酷でとてつもないものを表現することができます。しかし、このような内容にうまく意味ある姿をあたえることによって、恐るべきもののなかに調和のとれた形をあたえることによってのみ、音楽は大いなる癒しの力を得ますね。

リヒャルト・シュトラウスの《エレクトラ》をにわかに思い出しました。それは恐怖に満ちたオペラですが、にもかかわらず偉大な作品です。そうなると音楽は全体としては、恐怖から人を解放するとてつもない効果を発揮します。最悪の人生の最悪の結果を、最後にはまるで救済のように感じることができるのです。

悲劇的なものは否定されるのではなく、形をあたえられ、名前を授けられるのです。ただそれだけで悲劇的なものはその恐怖を失うのですね。

カタルシスはむしろ、恐るべきことが音楽のなかでのみ起きるにすぎないのであって、聴いている自分はまだ無傷で生きている、という安堵の気持ちから生じるのだと思います。作家でかつてチェコの大統領を務めたヴァーツラフ・ハヴェル[3]が言っています。「希望とは、ものごとがよい結果に終わるという確信ではなく、ものごとの結果がどうあれ、意味があるのだという確信である」と。音楽も似ています。交響曲はかならずしもハッピーエンドで終わる必要はない。しかしその曲には意味があるのだという感覚を伝えなければならないのです。逆もいえます。意味をみいだすことのできない音楽は、私たちをばらばらに破壊してしまいます。そうした音楽は、なにかシニカルなものをもっているのです。

芸術のなかでも音楽はもっとも直接的に作用します。絵画や建築は見ることができ、文学作品は読むことができます。そうすることによって、私たちの内なる目の前に印象を呼びさましますが、音楽はもっと直接的に私たちの心に触れます。音楽はすぐさま感情的反応を呼びさまします。たとえば、私はシューベルトの弦楽五重奏曲の第二楽章を涙なしに聴くことができません。

しかし、感情的なものは音楽の一面でしかありません。別の面では音楽の法則は数学に近いかたちで動いていますね。ブロムシュテットさんは音楽における感情と知性の関係をどのようにみておられますか。

往々にして感情はいちばんたいせつなものです。私たちの限界を示すためにはもちろん知性もなくてはなりません。知性がいつも舵《かじ》取りをしていなくてはいけません。感情的側面がなければ知性は滅びます。

しかし、人間が心にいだくコントロールされていない感情はすでに恐るべき事態をもたらしました。「悪人は歌わない」という古いことわざ[4]は残念ながらあたっていません。人間は繊細な音楽愛好家であると同時に大量殺人者でもありえるということを歴史は示しましたね。

感情と知性の関係にはバランスがとれていなくてはなりません。この組み合わせが人間をつくっているのです。動物にも感情はあると思います。きっと犬にだってまちがいなく感情があって、少しばかりは犬の知性があるでしょう。その両者の調和にかんして人間は唯一無二の存在です。バランスが崩れるとわれわれは不幸になるのです。

それとも、私たちが他人を不幸にするのでしょうか。指揮者には無味乾燥な拍子取り役から耽溺《たんでき》的な感情家までいます。ご自分はこの目盛りのどのあたりにいらっしゃると思われますか。

ストラヴィンスキーは言いました。「感情ぬきでやってくれ」と。ジャン・コクトーが書いたスケッチでは、ストラヴィンスキーは指揮をするのではなく、オーケストラにメトロノームをかざしています。私は両者のバランスをめざして努力しているのです。

音楽の仕事でいつかは最終的な結論に達することがありえるのでしょうか。

いいえ、基本的にはありえません。いつまでたっても作品の分析、解釈、リハーサルをやり終えることはないでしょう。しかし、コンサートをするには、どこかで仕事を中断しなくてはなりません。

終わりはけっしてありません。芸術的な仕事ならどんなものでも同じです。画家の例をとってみましょう。画家はとにかくいつかはイーゼルから絵を取り上げてギャラリーに持っていかねばなりません。つねに繰り返し新しいものは発見できるのです。たとえば、校訂版のスコアが出版されていらい、ブルックナーとベートーヴェンの作品の多くは見方が変わりました。私にとっての真実は、テクスト、つまりスコアはつねに神聖だということです。

聖書のことばのようにですか。ブロムシュテットさんの芸術的倫理観はご自分の信仰と関係がありますか。

ええ、たぶんね。私たちはもはやほとんどの作曲家に、作品のある特定の箇所をどう考えていたのかきくことができません。だから彼らの楽譜を受け入れ、理解しようと努めなくてはなりません。たとえばベートーヴェンがよく言われるようにありえないテンポを要求している場合も、ベートーヴェンがもしかするとまさにそのように考えていたのかもしれないと自問しなければならないのです。自分の視点をそのまま作品にあてはめてはいけません。ベートーヴェンの考えを読みとろうとしなくてはなりません。

聖書のことばもとても多層的なので、同じようなことがいえます。聖書のほとんどはまさに詩文です。散文詩ばかりです。音楽作品もある意味、私たち人間と同様です。胎児からはじまって成長したといえるのか、あるいはほとんど成長しきれていないのかにかかわらず、私たちがいまどのような状態にあるのかということは、長い成長過程の結果です。生き物が成長するのを見るのはとてつもなく興味深いことです。どの人も他の人と異なっていることはいまだに奇跡のようです。齢を重ねれば重ねるほど、私はオーケストラの人々にひきつけられます。楽団員を目的のための手段とは考えていません。楽団員を人間として観察し、理解することに魅力を感じます。

音楽家には神秘的な能力がひそんでいます。私はもちあわせていないけれども、そっとくすぐってやれば呼びさますことのできる能力です。それはなにか神秘に満ちたものです。楽団員はある種天使のようにあつかわねばなりません。彼らは神々しいものの使者なのです。指揮者のニコラウス・アーノンクールにこのことだけは同意します。アーノンクールはあるとき、音楽は私たちを神と結びつけているへ、、、その緒だと言いました。すばらしい比喩ではありませんか。

注

［1］——この全集録音は二〇一七年に完成し、すでに発売されている。

［2］——主題労作（第1章注2参照）と同様、動機に変更を加えながら作品を構成すること。

［3］——Václav Havel（1936–2011）。劇作家、チェコ共和国初代大統領。

［4］——もとのことわざは、「歌っているところに腰をおろせ。悪人は歌わない」。

第6章

「つねにみずからを疑いつつ」

ゲヴァントハウス管弦楽団との演奏旅行にて

――芸術家の責任と使命

ブロムシュテットのゲヴァントハウス管弦楽団との演奏旅行に一週間にわたって同行した。旅はライプツィヒに始まり、エディンバラ音楽祭、さらにロンドンのプロムス音楽祭、ロッテルダム、ザルツブルク音楽祭、そしてルツェルン音楽祭に終わった。二つのプログラムが交互に演奏された。ひとつはバッハのヴァイオリン協奏曲ホ長調とブルックナーの交響曲第五番、もうひとつはベートーヴェンの《レオノーレ序曲第二番》とピアノ協奏曲第五番、メンデルスゾーンの交響曲第三番だった。すばらしいコンサートで、毎回聴衆からも歓声が送られた。高いレヴェルの演奏ができたのは、ソリストたちのおかげでもあった。ことにハンガリー出身のすぐれたピアニスト、サー・アンドラーシュ・シフはベートーヴェンの協奏曲にほとんど魔術的な瞬間をつくりだしていた。シフには日本人の妻、塩川悠子が同行した。バッハの協奏曲のソリストはオーストリア在住のジュリアン・ラクリン[1]と、若く繊細なノルウェイの女性ヴァイオリニスト、ヴィルデ・フラングが交代でつとめた。

旅が始まると、飛行機やリムジン、ホテルのロビー、楽屋、ホール、ロンドンのケンジントン市街の小さなピザ屋、空港のラウンジなどで、ブロムシュテットと話をする機会を多くもてた。ブロムシュテットはエネルギーにあふれ、疲れというものをまるで知らないかのようだった。コンサートや会場練習の前後、合間に、寸暇を惜しんでインタヴューさせてもらった。

＊

ブロムシュテットさんは作品にたいして大きな責任感を感じておられるとおっしゃっていました。

聴衆にたいしてはいかがですか。芸術家は聴衆にたいしても責任を負うのですか。

絶対にそうですね。芸術家には義務があり、聴衆を教育する必要があります。もちろん慎重にやらねばなりません。強制はできません。こうしたことは私の伝道者的な背景と精神から来るものかもしれません。他の人がしないことをしなければという使命を感じています。

正確にはどういうことですか。

駆け出しのころの私は現代音楽のために奮闘していました。若いころは多くの抵抗にあいましたが、いまはちがいます。これは、一九五〇年代から六〇年代の音楽が、現在作曲されるものにくらべてはるかに頭でっかちな音楽だったこととも関係があります。私にとってはたいへん興味深い時代でしたが、楽団員はちがった感じ方をしていました。オスロでは、私の退任のすぐあとにオーケストラがポーランドの作曲家ヘンリク・グレツキのある作品の演奏を拒否しました。《一五の楽器のための器楽的歌曲II（Canti strumentali II）》という曲でした。一九六八年のことだったと思います。大きなスキャンダルが起きたのです。楽団員はこの音楽に神経を逆なでされるように感じたのです。というのは、そのなかには騒音のようなものが含まれていたからです。ひっかく音、キィキィ鳴る音、グリッサンドなど。それは楽団員が音楽大学で学んだことすべての正反対にあるものでした。楽団員はストライキをおこないました。そのことをめぐって、テレビでディベートまでおこなわれたのです。ディベートには放送局の現代音楽部門長を務めていた作曲家のアルネ・ノールヘイムと私、それにたいして反対派の代表としてコンサートマスターとオーケストラの理事が呼ばれました。音楽家たちの言い分はこうでした。このような種類の音楽を演奏するために自分たちは教育を受けたわけではない、とね。楽団側はこの議論ではあまり有利な立場ではありませんでした。もちろんほんとうは、楽団側にももっとじゅうぶんに準備させるべきだったのです。私は新しい作品をやるときは、あたかもその作品が世界一の作品だといわんばかりの態度であつかいます。オーケストラの前でもね。指揮者が新しい作品に真剣に取り組んでいることに気づけば、楽団員も同じように真剣に取り組むものです。

そんなスキャンダルがあったなんて、こんにちの見方からすればほとんど感動的ですね。少なくとも重要なテーマだと思われたのでしょう。テレビでディベートがおこなわれたくらいですから。そんなことはこんにち考えられません。オーケストラが作品を拒否するということも考えられません。

こんにちではあらゆるオーケストラが現代音楽を演奏します。この分野で私はもう孤軍奮闘する必要はありません。でも、自分が最高だと考える音楽を人々に知らしめることは、いまも昔も私の使命だと思っています。かつては悪い音楽なら悪く演奏しようとしたこともあります。でも、そんなふうに警告してもなんの結果も得られません。大学生、そしてティーンエージャーのころの私は、芸術の質を問題にしたときはまったく容赦なく、反論をゆるしませんでした。とりわけ、話が宗教の次元にまでおよんだが最後、私はまるでたけり狂った戦士のようになりました。[2] 安手でセンティメンタルな音楽は排斥しました。こんにち多くの礼拝で歌われているもののなかにもおそろしく表面的で、加えて幼稚な歌詞がつけられているものがあるんですよ。礼拝にはすばらしい宗教音楽が存在するのに。

成長の過程で自分の立ち位置を見つけ出し、より敏感になろうと思えば、そういう過激な時期ももしかすると必要かもしれませんね。

そうかもしれません。でもいまはむしろ、大いに胸襟《きょうきん》を開くべきだと思っています。いまや、音楽は多種多様なレヴェルで喜びをあたえることができると感じています。私の道が幸せになれる唯一の道というわけではありません。人間は幸せになれる道を、なによりも自分自身で見つけださねばならないと、こんにちでは思っています。コンサートについてもそうです。私が好きになれない音楽は、ほかの人が演奏すればいい。私は自分の限界も知っています。たとえばジョージ・ガーシュインを一音符たりとも演奏したことがありません。たとえうまく演奏できたとしても、私の世界ではないからです。

しかし、世の中のポップ・ミュージック崇拝をみていると、私たちの文化はどうなるのだろうと心配になります。こういう音楽は破壊的だと感じます。それにたいして対策を講じることはむろん私の使命だと感じています。しかし、その音楽がいかに有害かを人々にわからせるというのではなく、ほかにどれほど良いものがあるのか、代わりにどんな宝物を見つけることができるかを知ってもらいたいのです。しかし人々はたくさんのことを聴きのがしています。でも、誰にとってもそれは自分で見つけださねばならないのです。この点にかんして、私は闘うことをやめました。そのかわり良いものへの改宗者を得ようとつとめているのです。

改宗者をもうみつけられましたか。

ええ、そうであってほしいです。二〇〇八年にグスタフ・マーラー・ユーゲントオーケストラの演奏旅行の途上、ドレスデンでブルックナーの交響曲第五番を演奏しました。そのとき、あるロック・ミュージシャンがインターネットのブログに書いた記事は私をとても驚かせ、希望をあたえてくれました。「すっげぇクルマ（shit fucking car）」というタイトルのブログです。彼はこう書いています。ブルックナーの音楽はとつぜん、彼の人生に意味をあたえてくれたと。その青年はコンサート体験に圧倒されたんです。記事のコピーをとっておきました。スピノーラさんにお見せしようと思って持ってきましたよ。

ブロムシュテットはプリントを取るために立ち上がった。

ほら、ご自分でご覧ください。書いているでしょう、この世の天国を感じた、涙を抑えることができなかった、胸がはりさけそうになったと。そして仲間全員をこのコンサートに連れてこなかったことに怒りを感じたと。ほんとうにすばらしいことです。

ハンブルク北ドイツ放送交響楽団とともに日本に旅したときには、また別の経験をしました。神奈川でブラームス・プログラムを演奏したのです。終演後——日本ではよくあることなのですが——人々にサインを求められて長い時間足止めをくいました。夜遅くなってホテルに戻ると、私に会いたいという人がひとり待っていました。その人もさきほどのブロガーと似たことを言いました。以前はロック音楽しか知らなかったがいまや熱狂し、圧倒されたと。この音楽にはまったく魂があふれていると感動して語っていたことを思い出します。そのような話を聞くと、私はある使命を負っているとわかります。しかし、もちろん慎重にやっていかなくてはなりません。宗教にかんしても同様です。私はきわめて固い信仰をもったキリスト教徒ですが、あっちこっちをまわって人を改宗させようとしはじめたりはしません。そういうのは性にあわないんです。もしキリスト教徒になりたいなら、自分自身の信念からそうすべきで、それが自分にとって良いことなのか自分でみいださねばなりません。どんなかたちであれ、プロパガンダは大嫌いです。

お父様は説教者であり、伝道師でいらっしゃいました。ブロムシュテットさんはお父様の考えをどう思われましたか。

父はアドヴェンティストとしてその信仰をひろげました。父はアドヴェンティスト派だけがすべての真実を知っていると固く信じていました。どの派の自由教会も同じように考えています。自分たちだけがすべての真実を知っていると会衆が信じなければ、自由教会は存続できないでしょう。でも、もう少しゆるく考えてもいいと思います。世の中の異なった信仰をもつ人のなかにも、あきらかにとても多くのまともな人々がいるからです。それでも私は父を尊敬していました。父は信仰にまったく忠実に生きたからです。そして人を裁いたり、非難することをしませんでした。ある風刺画を思い出します。教会の前に牧師が立っています。人々はその牧師の教会からわれさきにと走って出ていき、背後で牧師が彼らに「地獄の人たちによろしく！」と叫んでいるのです。父はそういう牧師ではありませんでした。私が基本原理としていることは、自分自身が音楽のなかで手本を見せねばならないということです。なにかを信じたとき、人間はそれを示します。「聴いてごらんなさい。きれいな音だと思いませんか」なんてもちろん言いませんが、それがわかるように演奏するのです。

ということは、ブロムシュテットさんはレパートリーをご自身の芸術的好みだけからではなく、そうした責任感からもお選びになるのですか。どこでどんな音楽が必要かお考えになるのですか。

そうです。聴衆が何を必要としているか、そしてオーケストラには何が良いのか吟味しなければいけません。かつてライプツィヒに赴任したとき、ゲヴァントハウス管弦楽団はブラームスやブルックナーやチャイコフスキーを減らして、そのかわりにもっとハイドンとモーツァルトをやる必要がありました［第2章参照］。ライプツィヒではシベリウスとニールセンも演奏しました。まず、シベリウスもニールセンもほとんど知られていなかったからです。第二に、まったく現実的な話ですが、私はこのレパートリーをすでに研究していたので、いちから構築しなくてもすむということもありました。加えて、マックス・レーガーの作品に力を入れました。レーガーはこの街の音楽史の一部だからです。レーガーはライプツィヒで大学の音楽監督として招聘され、一九〇七年から亡くなるまでライプツィヒ王立音楽院［現ライプツィヒ・フェリックス・メンデルスゾーン・バルトルディ音楽演劇大学］の教授をつとめています。レーガーはもちろん大衆のお気に入りではありません。むずかしい音楽ですが、適切に演奏すればとても美しいのです。

レパートリーはできるだけ意味のある築き方をしなくてはなりません。オープンであること、学ぶこと、入口を閉ざさないこと、しかも決断を下すこと。バランスのよい献立のようなものです。良い基礎は必要ですが、視野をひろげるには新しいものも必要です。多面的ではあるべきだけれども、過度にはならないように。そうしないと浅薄で深みに達しないからです。いつもバランスを保つようにしています。そしてこの戦略のおかげでたくさんのレパートリーをもつことができました。

否定的な経験もありましたか。作品が聴衆にまったく受け入れられなかった経験は？

聴衆とのあいだで否定的な経験はまったくといっていいほどなかったですね。しかし二〇年前のあるとき、ドイツではシベリウスについてまだどれほどひどい偏見が残っていたかを思い知りました。たぶんドイツの音楽哲学者テオドール・W・アドルノ[3]の影響でしょう。当時ミュンヒェン・フィルハーモニー管弦楽団とシベリウスの交響曲第四番を演奏したのですが、コンサートのあとプログラム冊子を読んで、ほとんどうろたえんばかりでした。三人の異なる執筆者が記事を書いていたのですが、三つともどれも完全に作品にたいして否定的だったのです。私は震撼しました。私たちはまる一週間かけて、どれほどシベリウスの交響曲第四番が美しく重要であるかを示そうとしたのに、プログラム冊子には、それはなんの価値もなく、私たちの努力はまったく無駄だったと書かれていたのです。

ほんとうにばかげていますね。

これに関連して、スウェーデンの作曲家ヴィルヘルム・ステンハマルのことを思い出します。彼はカール・ニールセンとジャン・シベリウスととても深い親交があり、エーテボリ交響楽団の首席指揮者のときこの二人を支援しました。エーテボリは当時北欧音楽の中心地でした。エーテボリはオスロ、ヘルシンキ、コペンハーゲン、ストックホルムを結ぶ線の中央という、地理的に良い位置にありました。そして最高のオーケストラのみならず最高のホールがありました。シベリウスの交響曲第四番が初演のあと最初に演奏されたのはエーテボリだったのです。そしてその公演は失敗に終わり、人々は群れをなしてホールを出ていきました。ステンハマルはそのあとで有力日刊紙に記事を書きました。彼は、聴衆が何を聴きのがしてしまったか明らかにしようとしたのです。記事の締めくくりに彼は、聴衆にもういちどチャンスをあたえるために翌週のコンサートのプログラムを変更して、シベリウスの第四番を再度演奏すると告げました。驚いたことに、聴衆はやってきてホールにとどまりつづけたのです。私はこのことを「聴衆の教育」とよびます。ステンハマルはなんと立派な人だったのでしょう。みずから信じているものにたいして力をつくし、聴衆がものごとを理解することを助けなくてはなりません。

アルノルト・シェーンベルクも一九二〇年ごろ、ウィーンの私的演奏協会で同じことをしましたね。そこでは新しい作品を休憩のあとにもういちど演奏することはふつうにおこなわれていたようです。作品の演奏を繰り返すのは意味のあることですね。しかし、こんにちの音楽興行でそんなことがゆるされますか。

大きなホールではそう簡単なことではありません。でも、意義のあるプレトークはできますよ。現代音楽のコンサートやファミリー・コンサートではよくやりました。ほかに音楽と接する機会のない人々にとって、プレトークはとても役に立つと思います。

日常生活ではつぎつぎに飛びこんでくる音の印象に耳を塞《ふさ》がざるをえなくなります。そうしたプレトークが真に音楽とそして聴くことにつながっているなら、聴衆の耳をふたたび開くことができますね。

そのことを私自身、美術で経験しました。美術では私はひどくおくれをとっていましたので。[4] ちょっとしたヒントをもらうだけで目が開かれることがよくあるものです。音楽でもそうです。たとえば、イングヴァル・リードホルムの《ポエシス》という作品を演奏するときは、まず一〇分ほど作品について話をします。それはいつも聴衆の役に立ちました。現代音楽でなくても、こういったプレトークはひじょうに役に立つことがあります。こういう話をするのはとても好きなんです。人間はとても「選択的」に聴く[5]ということがみずからの経験でわかっていますから。ひょっとすると、まず美しいメロディとハーモニーだけしか聴いておらず、その場で起きているすべてを聴いていないと思います。そういうプレトークは、指揮者か音楽家、あるいは作曲家のいずれかがやるのがベストです。そういう人は音楽的な視野をもたらしてくれるからです。

ドレスデンでは、学校のコンサートでもとても良い聴衆にめぐまれました。学校のコンサートはいつも満員でした。つねに音楽が第一で、楽しく盛り上がるわけではないのですが、それだけでじゅうぶんに楽しいのです。確信をもっていなければなりません。確信していてこそ真実に見えるのです。いまは、聴衆を良い気分にする軽妙なジョークをしゃべるだけの司会もありますがね。

指揮者がプログラムを作成するとき、そもそもどれくらい音楽興行者から圧力をかけられて選曲を制限されるのですか。

圧力はたしかにありますが、「ノー」ということを学ばねばなりません。提案したプログラムがまったく外的な理由で突っぱねられることがあります。私にもそういう経験があります。アメリカのオーケストラが、私の提案した二つの作品に、どうしてももう一曲序曲を加えてくれと言ってきたことがあります。でもその序曲はプログラムにぜんぜんあわなかったのです。いわく、三曲演奏されるプログラムのほうが二曲だけのプログラムよりもチケットがよく売れると。なんという考え方でしょう。二つの曲をおたがい対照的にきわだたせることで意味がずっと明らかになるのに。その論拠にはすっかり驚いてしまいました。

しかし、世界全体を敵にまわして戦うわけにもいきません。アメリカでは毎シーズン、マックス・レーガーが演奏できるわけではありません。歓迎されないからです。しかし彼のいくつかの作品、《モーツァルトの主題による変奏とフーガ》《ヒラーの主題による変奏とフーガ》はすでにサンフランシスコで演奏しました。それにシベリウスとニールセンの交響曲はすべてそこで上演しました。アメリカ人にとっては新しいものです。でもニールセンの交響曲はとても好まれましたよ。サンフランシスコを退任してからは「桂冠指揮者」として毎年サンフランシスコにもどりましたが、最初は長いあいだニールセンを演奏しませんでした。他の指揮者にもやってもらいたかったのです。そうしないとニールセンがわずかの専門家のための音楽になってしまうかもしれず、それでは意味がないと思いました。しかし一五年たってから、サンフランシスコのオーケストラはまたニールセンを演奏させてほしいと依頼してきました。聴衆はマーラーの交響曲を聴いたあとのように熱狂しました。オーケストラはすばらしい演奏をしてくれました。私は楽団員のひとりに「どうしてこういうことになったのですか」ときいたのです。楽団員は言いました。「先生が退任されていらい、私たちはこの作品に手を触れていませんでした。ブロムシュテット先生のためにこの曲をとっておいたのです」と。

すでに明るい希望は見えています。しかし重要なのは、多くの指揮者がなおざりにしてきたレパートリーに取り組むことです。

ブロムシュテットさんは六〇年以上にわたるキャリアのなかで膨大なレパートリーを築きあげられて、多数のレコードやCDを録音されました。まだ録音したいと思う作品はありますか。どの作曲家あるいはどんなプロジェクトをお考えですか。

ええ、もちろん。やりたいことには際限がありません。目下のところ、ヴィルヘルム・ステンハマルに取り組んでいます。彼のためになにかをやりたいという気になっているのです。これは年来の懸案でしたが、いつもほかにもっと優先順位の高いことがあったり、やらねばならないことがありました。たぶん、いまようやくそのときがきたのでしょう。スウェーデン以外ではステンハマルのことを知っている人はほとんどいないでしょうね。ステンハマル協会の創立のときにエーテボリにいらっしゃったら、彼についてなにがしか知ることができるでしょう。そのあとで彼についてあなたにもっとお話ししましょう［第7章参照］。

昨年の大きなプロジェクトは、ゲヴァントハウス管弦楽団とベートーヴェンの全交響曲を再度演奏し、録音することでした。ドレスデンで録音した全集はもう四〇年も前のものです。ドレスデンでの録音はいまもよいできばえだと思いますが、いまなら私はもちろん多くをまったく異なるやり方で演奏します。というのも、新しい校訂版スコアが出版されたからです。その校訂版は作品にまったく新しい光をあてている部分があります。新しいベートーヴェンの全集は二〇一七年七月、九〇歳誕生日を記念して完成する予定です。それ以前は数年間、ブルックナーにひじょうに集中的に取り組んでいました。こちらもゲヴァントハウス管弦楽団との共演です。首席指揮者時代にブルックナーの交響曲はいくつか演奏しましたが、録音はしていませんでした。在任期間が終わってからブルックナーの交響曲全集を録音することを決めました。全集録音にあたり、すでに演奏したことのある交響曲もあらたに録音したいと思いました。交響曲第一番と第二番は以前にいちども指揮したことがなかったのです。

ということは、このブルックナー交響曲全集はブロムシュテットさんのキャリアのかなり遅い時期に録音されたということですね。なぜですか。

以前にはブルックナー全集をつくろうという勇気がありませんでした。うまくいくかどうか確信できなかったからです。

ご自身にそのような疑いをもっておられたのですか。

つねに自分を疑っていますよ。みずからを疑うことは良いことです。逆に、自信をもちすぎることは芸術においては致命的です。むろんバランスを保つことはだいじです。疑いが破壊的であってはいけません。

レフ・トルストイの書いた芸術についてのすばらしいエッセイがあります。「芸術とはなにか」というタイトルです。そのエッセイにこめられた本質的な認識は、芸術家は求道《ぐどう》者でなければならないということです。求道者でなければ信念をもつことができません。芸術家が求道者ではなく、なんでも知っているかのようにふるまったら、ペテン師か宣伝屋になってしまいます。そうなったらその人はもはや芸術家ではありません。ほんとうにそのとおりだと思います。究極のものはまったくありません。それは芸術に限ったことではないのです。絶対的なものが存在し、それは神とよばれます。しかし神とは誰なのか、私たちにはわかりません。神とは、私たちが解明できないものすべてをおまかせする相手です。そして、もしこの絶対的なものが存在しないとすれば、生きることはあまり意味のあることでなくなるでしょう。しかし、絶対者を知っているなどという主張は信じるに足りません。すべてが一時的なものです。創作する芸術家ならばみなそのことも知っています。つねに新たに挑戦するのです。というのも、きょううまくいったことが明日かならずうまくいくとはかぎらないからです。

これまでにご自身満足できなかったコンサートの体験はありますか。

死ぬほど不幸な思いをしたことはありません。コンサートがなんとかうまくいったことにいつも感謝しています。いつも奇跡です。コンサートがうまくいくのは私だけの力ではないといつも思っています。私にはオーケストラが必要です。そしてホールに——象徴的な意味で——神がおられることをいつも祈念するのみです。深い淵《ふち》の上を泳いでゆくようなものです。それはたいへん苦しいものです。

反対の例を説明してさしあげましょう。サンフランシスコにいたとき、一四歳の男の子が演奏を披露しようとしました。ニコロ・パガニーニの超絶技巧的な《カプリス（奇想曲）》を演奏したのです。彼の指の技術はかなりのものでしたが、音楽的にはものたりませんでした。なにかほかの曲を演奏してくれないかとききました。するとその子はまたパガニーニの別の《カプリス》を弾きました。もういちど別の作品を弾けないかときくと、こんどはバッハの《無伴奏ヴァイオリン・パルティータ第二番》から〈シャコンヌ〉を弾きました。その子がしたかったのは、完璧な花火をあげることでした。私はもうその子に興味をなくしていました。彼は理想をもたず、いかに自分がじょうずか示そうとしていただけでした。しかし、それからその子の両親が私に手紙をよこすようになりました。この演奏の一〇年後、母親から手紙を受けとりました。彼らもアドヴェンティスト派のキリスト教徒だったのです。息子がロサンジェルス・フィルとレコードの録音をしたと書いてありました。息子はいまや世界的キャリアに踏み出そうとしており、あと必要なのは私の指揮下に演奏することだけだというのです。返事は書きませんでした。でも彼らは私につぎつぎと手紙をよこし、電話までかけてくるようになりました。レコードを聴いたら、こちらから連絡しようと言いました。母親のしぶとさはついに頂点に達し、もし息子を私の指揮するコンサートにだしてくれたら一万五〇〇〇ドル差しあげますとまで言い出しました。私は怒って母親に「二度と手紙をよこさないでください」と返事しました。こんなことがあるのです。その青年はやっとのことでニューヨーク・フィルハーモニックの第二ヴァイオリンの末席につきました。似たようなことが日本でも一度ありました。若い女性のヴァイオリニストがいて、母親がいつもリハーサルについてくるのです。背後にはなんら音楽的なものはありませんでした。そんなことでは絶対にものになりません。

若い指揮者にはそういう例はたぶんそんなに多くないでしょう。

若いころの私はひょっとすると少しばかり指揮に逃避していたのではないかと思うことがあります。私はヴァイオリン弾きで、演奏することはものすごく好きでした。でも、公開の演奏会ではひどくナーヴァスになり、震えていました。見せものにされているような気がしたのです。それも裸でね。クァルテットのときはそうはなりませんでした。指揮者として駆け出しのころは自分にじゅうぶんな準備ができていないのではないかとしばしば不安になりました。オーケストラは若い指揮者にたいしてはとても否定的になることもあります。オーケストラは、おまえにはそもそも発言権なんてないという感じを伝えるものです。しかし、よく準備をしておけばその感覚はもちろんかなり克服しやすくなります。

指揮というものはとても多くの能力が組みあわさってできています。手の動かし方がひどく不器用なのに、指揮ができてオーケストラから尊敬される音楽家もいます。そういう人たちには音楽的な権威があるのです。たとえば、ユーディ・メニューインの場合がそうです。メニューインは指揮者としては手の動かし方がぜんぜんさまになっていませんでした。彼は手を有意義に動かすことができませんでした。でも彼は偉大な音楽家であり人間であり、芸術家としていつもなにかをあたえることができました。いっぽう、動きはチャーミングで優雅に見えても、音楽的にはさほどおもしろくない人もいるかもしれません。でもそんな人でも、いまはうまく受け入れられます。誰もが自分のもっている能力を提供するのです。とてつもなく多様性があるのです。ヴァイオリンの演奏とちがって指揮には王道はありません。音楽的に考えることさえできれば、指揮台の上ではほとんどどのようなことも可能なのです。指揮コンクールの審査員として招聘されると、そのことにことさらに気づきます。他の審査員たちの話していることを聞くと、しばしばかなり暗澹《あんたん》たる気分になります。共通の議論の出発点がないことに気づくからです。候補者の成績評価が完全にバラバラになることもめずらしくありません。

審査員は指揮の手仕事を評価するという課題を負うのでしょうか、それとも、どのようにして達成されるかには関係なく、その結果として紡ぎだされる音響の成果を判断する課題を負うのでしょうか。

成果を評価しなければならないでしょうね。候補者がどのようにふるまうかが決定的であってはいけません。決定的なのはそこから紡ぎだされるものなのです。人間が見るものと聴くものとがどう結びつくかは、いずれにせよそう簡単に認識することができません。とてつもなく興味深いことだと思います。だから講義もおこなうのです。講義をすれば自分もたくさんのことを学べますから。この数年は数カ所でマスタークラスをやったにすぎませんが、昔はとてもたくさん講義をしたのですよ。

ブロムシュテットさんは一九六一年から七一年までストックホルム王立音楽大学の指揮科の教授をつとめておられますね。

ええ、オスロの首席指揮者の時代のことです。師匠のトール・マンの後任になりました。大好きな仕事でした。まだストックホルムに住んでいましたので、うまく都合がついたのです。私が学生のころと同様、クラスには学生が三名しかいませんでした。それは「ヌメルス・クラウズス」（定員制限）［第4章参照］の科目だったからです。三年後、また三名だけ新しい学生を受け入れました。私の弟子たちは全員スウェーデンで音楽にかかわるポストにつきました。そのうえ私はイーゴリ・マルケヴィッチの助手もつとめました。どういうことかというと、マルケヴィッチが講義をおこない、私は実技指導をしたのです。マルケヴィッチは心身症気味で、気力が衰えることがしばしばありました。彼の息子のオレグは、母方の名前をもらってオレグ・カエターニと名乗っていましたが、その彼のことも教えたんですよ。有能な指揮者です。

数十年のあいだにブロムシュテットさんとオーケストラとの関係はどのように変わりましたか。

関係は逆になりました。いまでは長老ですが、かつては初心者でした。でも、オーケストラもまた変わりました。かつてよりも良い倫理観をもっています。技術的にもずっと向上し、以前とはまったく異なる要求ができるようになりました。そして指揮者に敬意をもって接してくれます。オーケストラと指揮者のつきあいはより自然で、また快くなりました。こんにちのオーケストラの団員はふつうはとても親切な人たちで、良い音楽をやろうという目標のみをいだいています。才能にはたいへんめぐまれていてもあまりものを考えない単純な性格の人もいますが、ほとんどの楽団員はとても頭が良いうえに感受性が高いです。昔は不信感があって、「俺たちがオーケストラだ。何をすればいいかはわかっている」というふうなある種の高慢さがありました。指揮者はまず実力を証明しなければなりませんでした。私がいまそう感じるのは歳をとったからではありません。

しかし、良くない方向に行ってしまったことがらもあります。かつては楽団員にもっと直観とファンタジーがありました。たとえば、自明のフレージングが失われたということにそれがみてとれます。オーケストラによっては楽団員が、そのフレーズを、歌ったり、話すような抑揚をつけることもせず、なにも考えないで楽譜を追っているだけのところもあります。話すときには自動的に正しくイントネーションをつけるのに、演奏では少なからず中身がからっぽでなにも考えていないようなこともあるのです。ライプツィヒとドレスデンのオーケストラはその点とびきり優位な立場にあります。楽団員の多くが聖トーマス少年合唱団あるいは聖十字架教会少年合唱団の出身だからです。彼らは歌うことによって自然なフレージングを学んでいるのです。しかし、すべての楽団員がこのような背景をもっているわけではありません。

子どものころに正しく歌うことを学ぶというのは、学校でさえもはやあたりまえではなくなってしまいましたね。ほかの科目であげねばならない成果が、音楽の授業では往々にして話題にのぼらなくなりました。子どもがまちがって足し算をすると直されますが、それに対して五度と七度をまちがって歌っても直されません。

ひどい話です。子どもたちが音楽的に鈍感になるのを放置しておけば、ひとつの文化全体が危機にさらされます。子どもたちに幸福をもたらしてくれる経験の世界全体がそこにはあるのです。

ベネズエラで「エル・システマ」という音楽教育プログラムを創立したホセ・アントニオ・アブレウは模範です。彼はベネズエラで子どもたち、とりわけ貧困層の子どもたちにまたとないチャンスをあたえたのです。しばらくして私たちのところでも、この模範にならってなにがしかの取り組みがおこなわれました。日本でも多くのことがおこなわれています。その一例が、私が定期的に指揮をしている東京のＮＨＫ交響楽団です。このオーケストラは、私がはじめて彼らを知ったときからすると、すばらしい発展をとげています。

ＮＨＫ交響楽団は同時に幅広い聴衆層を獲得しました。というのも、活動がテレビで放映されるからです。コンサートを観せるだけではなく、たくさんのディスカッション、コンサートの前後の模様や解説をも放送します。音楽家、純粋な音楽ファン、評論家をスタジオに招いて、対話をセッティングするのです。このようなことができるのは、日本でクラシック音楽にたいする関心がかくも大きいことの証明であり、こうした取り組みはすばらしくうまく機能しているのです。音楽を将来、さらに発展させようとするなら、あらゆることに取り組まなければなりませんね。

［1］——Julian Rachlin（1974–）。リトアニア生まれで一九七八年以降オーストリア在住のヴァイオリニスト。

［2］——原文では"Berserker"。熊の皮を着た凶暴な戦士のこと。

［3］——Theodor Wiesengrund Adorno（1903–1969）。ドイツの哲学者、社会学者、音楽理論家。

［4］——牧師である父親が厳しく、美術品には若い男の子には好ましくない影響があるとして、家で絵画を見せなかったから。第3章参照。

［5］——特定のメロディや楽器だけの音だけを聴くこと。第5章参照。

第7章

「本はともだち」

エーテボリ訪問

――「ヘルベルト・ブロムシュテット・コレクション」とヴィルヘルム・ステンハマル論

ヘルベルト・ブロムシュテットはエーテボリへと旅立った。そこはスウェーデンの伝統ゆたかな港町であり、彼自身、幼少時のたいせつな時期を過ごした街でもある。今回の旅はエーテボリ交響楽団を二度指揮し、ステンハマル協会の創立式典で、パネル・ディスカッションを司会するためであった。ブロムシュテットその人こそがこの協会の創立のための運動をおこなったのである。祝賀行事の前後を、ピアニストのマルティン・ストゥールフェルトがステンハマルのピアノ作品を演奏して音楽的に飾り、その場にはステンハマルの孫たちも同席していた。エーテボリ交響楽団によるコンサートではヴィルヘルム・ステンハマルの作品も演奏された。一九〇九年に作曲されたピアノ協奏曲第二番である。ブロムシュテットはいつもとはちがって指揮棒を使って指揮をした。この特別な機会のために孫のカール＝ヴィルヘルム・ステンハマルが、祖父の指揮棒をブロムシュテットに貸したのである。ブロムシュテットはそのうえ、ヴァイオリンの師匠だったラルス・フェルミュースの金のカフス・ボタンをつけていた。フェルミュースの姪［第3章参照］から贈られたものである。

翌日ブロムシュテットは、エーテボリ大学の「ヘルベルト・ブロムシュテット・コレクション（HBC）」を案内してくれた。ブロムシュテットはエーテボリ大学に蔵書をすべて寄贈したのだ。約五〇〇メートルにわたって書籍、スコア、楽譜、音源が収納されている。音楽関係の資料のほとんどはまだルツェルンの自宅に置かれている。彼が定期的に使うからである。「ヘルベルト・ブロムシュテット・コレクション」は学術的目的にかぎって、申し込めば使うことができる。書籍の三分の一については、ブロムシュテットがみずからカタログを作成した。索引カードにはブロムシュテットのちょっとしたメモが記されているものもある。

*

こちらエーテボリにはおよそ二万冊の書籍があり、ルツェルンのご自宅にあるスコアを含めた手持ち分を加えますと約三万冊におよびますね。こんな膨大で多方面にわたるコレクションができた経緯をおしえてください。

新しい国に行くたびに、異なる文化を身につける必要性にせまられたのです。首席指揮者はそのオーケストラを代表する存在です。スピーチをしなくてはならないときもあります。音楽をよりよく理解しようと思えば、その文化的背景も知らなくてはなりません。一六分音符はもちろんどこへ行っても一六分音符に変わりありませんが、それがどんな文脈にあるのかが重要です。だから地域の文化にどっぷりと浸《つ》かるために、いつもたくさんの本を読みました。そしてどこへ行ってもすばらしい古書店を見つけました。

駆け出しのころ、いちばんだいじだったことを覚えていらっしゃいますか。

コペンハーゲンで最初にしたことは、デンマークの哲学者セーレン・キルケゴールの全集を買うことです。二二巻からなる新しい全集を見つけました。それはいままでもっともお気に入りの読みもののひとつです。キルケゴールを読むのはやさしくはありませんが、簡単でないものが好きなんです。キルケゴールがとても音楽的であったことが私には助けになりました。私のコレクションのなかにはオリジナル版もいくつかあって、一冊などはキルケゴール自筆の献辞まで付いています。彼の著作の半分は説教集です。彼はじっさいには説教をいちどもおこなったことがないのですが。キルケゴールはすばらしいことを言っています。信仰は泳ぐようなものだと。つまり、泳いでいる人は水に運ばれはしますが、水の下にあるものについては想像することしかできない。誰も知らない深淵があるかもしれません。それに、人間存在の三つの段階にかんする理論は魅力的だと思います。美学的段階、倫理的段階、宗教的段階という三つの段階です。

一九七〇年代はじめにはすでに定期的にドレスデンで指揮をしておられましたね。東ドイツからはどんなものを持って帰られましたか。

ドイツの文化についてはむろん、若いころからすでに知識がありました。スウェーデンは第二次世界大戦まではきわめてドイツ志向でした。学校で最初に習った外国語はドイツ語だったのです。ドイツ語の授業は三年生からありました。そのあとで英語とフランス語を習うのです。ドイツの文化は音楽だけをとっても親しく感じていましたが、ドレスデンには良い古書店があったので、そこで東ドイツ・マルクを使うことにしました。東ドイツ・マルクは国外持ち出し禁止だったのです。そこで見つけたものにはもちろんイデオロギーに染まっているものもありましたが、東ドイツではすばらしい古典作家の全集が出版されていて、私のまったく知らないものもあったんです。ご覧ください。

ブロムシュテットは本棚からもっとも有名なイディッシュ語話者の作家、ショーレム・アレイへム[1]の全集から一冊を抜いて持ってきた。アレイヘムの長編小説『牛乳屋のテヴィエ』はのちに映画とミュージカルに脚色され、『アナテフカ』〔邦題『屋根の上のバイオリン弾き』〕という表題で世界的に有名になった。

アレイヘムのイディッシュ文学のこの全集は、私にグスタフ・マーラーへの門を開いてくれました。最初はとくべつにマーラーが好きだったわけではありません。マーラーの音楽は理解できませんでした。マーラーの交響曲のなかに引用されている民俗音楽は、私には感傷的でしかも俗っぽく感じられました。こんなものは交響曲のなかにはあってはならないと思っていたんです。いかなる感情の高揚も、私の国の文化ではまったくなじみのないものでした。スウェーデンの人間はまったくちがうのです。内向的でシャイで、あんな感情の爆発とは無縁です。しかしドレスデンではマーラーを演奏するようになりました。交響曲第一番と第二番です。ドレスデンのオーケストラはマーラーをほとんど知りませんでした。マーラーはナチス時代に禁止され、ほとんど忘れ去られていたからです。アレイヘムの描くゲットーやシュテットル[2]の生活をとおしてわかったのですが、ユダヤ人コミュニティではマーラーが彼の音楽に引用したとおりに歌い、演奏されていたのです。こういった音楽はマーラーの経験や記憶にまさしくあてはまるものだったのだということがわかりました。このことは私にマーラーの作品にたいするまったく新しい視野をあたえてくれました。

いまでは私は、マーラーの音楽には深い感動があり、それはまったく真実のものだと感じています。マーラーの交響曲でははなはだしく極端なものが一体になっていますが、このようにさまざまな要素を大きな交響曲へと組み込むやりかたは、感嘆に値します。そのようなことは偉大な芸術家にしかできません。

私たちはコレクションのなかをさらに先に進んだ。ブロムシュテットは司書に、ルツェルンを経由せずにエーテボリへ直送してもらうように注文しておいた本が届いているかどうかきいた。ブングストストルプ経由でエーテボリに送るのは、本の種類によってはとくに関税の問題があるからだ。貴重品をスイスから送ると高くつくのである。

ちょうど昆虫学者のジャン・アンリ・ファーブルの新しい本三冊を入手して読みはじたところです。近いうちにファーブルの全集一〇巻ぜんぶが「ヘルベルト・ブロムシュテット・コレクション」に加わります。ファーブルは一九一四年、ノーベル文学賞にノミネートされました。じじつ、彼の著作はことばの点でもとても魅力的です。味気ない自然科学的記述ではなく、むしろ詩歌といえます。ファーブルはあるとき言いました、自分は神を信じないが、自然のなかに毎日神を観るのだと。すばらしい考え方だと思います。私は汎神論とはまったく立場を異にしますが、ファーブルはそういう思想を述べたかったのではありません。彼は高齢になってから水彩画を学びました。なぜでしょうか。キノコの多様性を研究したかったからです。そしてキノコを表現しようとして水彩画を描いたのでした。みごとな絵です。キノコの画集も一冊もっています。

ブロムシュテットさんのご関心が自然にまで広くおよんでいるとはまったく存じませんでした。

いや、小鳥の世界にも魅了されています。作曲家オリヴィエ・メシアンほどではありませんがね。メシアンは小鳥の鳴き声を研究して、鳥はそのまま天からの使者だと考えました。私も鳥は不思議に満ちた生き物だと思います。鳥はなんと早く育ち、なんと速く飛ぶことができて、なんと途方もなく遠い距離を群れをなして渡ることができるのでしょう。何年も前のことですが、ブングストストルプの家でいわゆるアマツバメの仲間が孵化《ふか》したことがあります。アマツバメは大きめのツバメに似た鳥で、ほとんど空中にしかいられません。地上に降りたらおしまいです。飛ぶためには高いところから飛び降りることが必要だからです。アマツバメは南アフリカで越冬します。でも毎年夏になると南アフリカから、きっちりと生まれた場所に戻ってきます。わが家のとある屋根瓦《がわら》の裏側へと戻ってくるのです。ある鳥類学者が鳥たちに目印を付けて調べたので、このことがわかったのです。

私たちはコレクションの書架の通路を歩き、あちらこちらで本を手に取った。多数の文学書、古典作家および現代詩人の全集、戯曲、往復書簡集、日記、伝記などがあるが、それに加えて無数の歴史書、美術集、哲学・宗教作品がある。オウィディウス[3]の『変身物語』の複製本をここで見ることができる。同様に一五〇〇年ごろのもっとも古い聖書のひとつ、コーランのロンドン版[4]、さまざまな版のトーラーとタルムード[5]も見られる。神学書の一部をブロムシュテットは父親から受け継いだ。音楽資料の大半はまだルツェルンの住居に置かれている。

ルツェルンにいらっしゃったら、哲学者・数学者・自然科学者であるルネ・デカルトの最初の著書、『音楽提要（musicae compendium）』をお見せしましょう。『音楽提要』はデカルトの死後の一六五〇年になってようやく出版されました。装丁に金をほどこしたすばらしく美しい初版本を一冊もっています。スウェーデンのクリスティーナ女王はデカルトをストックホルムに招き、毎朝自分のために講義するよう依頼しました。デカルトが肺炎で亡くなったのもストックホルムです。

あ、ここにおもしろいものがありますよ。

ブロムシュテットは廊下をもうひとつ先へと急ぎ、書架の多数の大型本のなかから一冊を取り出した。

これはね、すばらしく丹念に作成された〈グラドゥアーレ（昇階唱）〉[6]のファクシミリです。ルツェルンには中世の絵画の写本を複製することを専門にしている出版社があるのです。

ほら、なにもかもすべて、羊皮紙の穴まで複製されていますよ。挿絵《さしえ》は華やかな色で純金も使ってつくられています。一二〇〇年ごろの原本は羊皮紙で作成されていましたが、羊皮紙は古くなると風化します。だからファクシミリ印刷を羊皮紙に似た紙に仕上げます。これはルツェルンに移って最初に買ったものです。この種の出版物はこれまでに三〇冊から四〇冊は確実に購入しているはずです。中世にはずっと昔からとても関心がありました。

私が購入したなかでもっとも高価な本の一冊も、この出版社からのものです。ベリー公爵[7]のもっとも有名なカレンダーですね。『ベリー公のいとも豪華なる時禱書《じとうしょ》(Les Très Riches Heures du Duc de Berry)』のファクシミリによる縮刷版で、約四〇〇部限定出版されたものです。一五世紀の細密画による本のなかでも、もっとも有名なもののひとつです。ベリー公は美術にとても関心があって、ランブール兄弟[8]を雇ってこの美しいカレンダーの絵を描かせました。ほら、カレンダーの絵はどれもまる一ページを占めていて、それを見るといずれもその月固有の風景と人々のいとなみが描かれているでしょう。そしてほとんどのページで背景にベリー公の城のうちのひとつが描かれていますね。ファクシミリ版は手づくりで、詳しい解説巻がついています。

地下四階は摂氏一二度から一八度、湿度六〇パーセントの状態で、稀少で高価な本が保存されている。ここにあるブロムシュテットの蔵書には、たとえばアウグスト・ストリンドベリの遺稿のような貴重資料も含まれている。

ここにある貴重品で最大のものは「カール・フレーデンヘイム・コレクション」です。それはある個人、つまりスウェーデンの貴族カール・フレーデンヘイムのコレクションのうち購入できた最後のものです。フレーデンヘイムは、この国を文化大国にしようと考えたスウェーデン王グスターヴ三世によって、美術品購入のためにローマに遣わされました。フレーデンヘイムは音楽に大きな関心をいだいていました。一七八〇年から一八二〇年のあいだに大量の音楽作品の初版楽譜と手稿譜を収集しました。フレーデンヘイムはその一部をナポリで買い、帰国すると、スウェーデンの彼の城に保管したのです。財政上の理由からこのコレクションは売却されることになったのですが、ストックホルムの図書館もエーテボリの図書館も購入するだけの予算がありませんでした。コレクションはぜひともぜんぶそろったまま残す必要があると思いましたので、私がそれを買って、図書館の「ヘルベルト・ブロムシュテット・コレクション」の一部として寄付しようと決心しました。どの巻もすばらしい状態で保存されており、なかには初版楽譜もあって、あちこちにフレーデンヘイムのコメントが見られます。「作曲家自身から購入」とか「とびきりすばらしい」などとね。彼が作品を演奏もしたことがわかります。音楽学者がそれを見たらまだまだたくさんの仕事が待っているでしょう。このコレクションを購入した決心には個人的な背景もあります。ウプサラの大学でフレーデンヘイム研究で博士号をとった友人がいるのです。彼は貴族で、ノーシェピンにある彼のお母さんの城にまる一年住まわせてもらったことがあります。まるでちょっとした王子さまのような生活をさせてもらいました。運転手がいて、食事も出ました。この友人の家族に恩義を感じていたのです。

そろそろ出発する時間になった。夕方にはエーテボリ交響楽団とのコンサートが待っていた。ヘルベルト・ブロムシュテットは彼の本に囲まれて見るからに気持ちよさそうで、なかなかその場を離れようとしなかった。

本は友だちのようなものです。もっと何時間でも本といっしょに過ごせますよ。

ルツェルンではコレクションが恋しくなることがありませんか。

いいえ、ほかにもまだたくさんの友だちがいますから。それに、自宅にもまだじゅうぶんに本があります。

夕方、エーテボリ交響楽団はブロムシュテットの指揮のもとベートーヴェンの《田園》とヴィルヘルム・ステンハマルのピアノ協奏曲第二番を演奏した。ブロムシュテットは、オーケストラの響きの色彩をオーラのように開花させ、若いピアニスト、マルティン・ストゥールフェルトがピアノでつむぎ出す超絶技巧的な音の滝を、オーケストラの織物のなかに有機的にくるみこむ方法を心得ていた。あとでブロムシュテットのラップトップに良いイヤフォンを挿して、エーテボリ交響楽団と録音したステンハマルのその他の作品を聴いた。一九一一年から一五年のあいだに作曲された交響曲第二番ト短調作品34、一九〇八年から一三年に作曲された《オーケストラのためのセレナーデ》へ長調作品31である。いずれの録音もまだ公にはリリースされていないが、ブロムシュテットのもとにはCDの最初の版が届いている。

さきほどヴィルヘルム・ステンハマルの指揮棒で指揮されましたね。なにかちがいを感じられましたか。そもそも誰のアイディアなのですか。

カール＝ヴィルヘルム・ステンハマルのアイディアでしたけれど、私はすぐにこの「遊び」に同意しました。ステンハマルの遺品を手にするのは特別な気分でした。というのも、これはじじつ「棒」

であって、通常の指揮棒みたいに箸《はし》のように細いしろものではありません。かなり太くて、重くて、色は黒です。でも、音楽を演奏しはじめたら、手に持っているのが何であろうがもはや関係ありません。指揮者から発するエネルギーはなによりも霊的なものだからです。

ところが、ステンハマル協会創立式典のあいだに、この指揮棒をめぐってちょっとしたハプニングがありました。それは苦くも愉快な思い出となりそうです。指揮棒が保管されているケースはとびきり貴重なものです。なぜなら、指揮棒は首席指揮者に就任したステンハマルへのオーケストラからの贈りものだったからです。明るい茶色の革ケースに入っていて、ケースにはヴィルヘルム・ステンハマルの名前が金文字で刻印されています。パネル・ディスカッションが始まるまで、私はこのケースを膝に乗せて聴衆のなかに座っていました。あとでこのきらびやかな美術品を聴衆に見せようと思っていたのです。舞台に立ったとき、指先が金色に染まっていることに気づきました。指を金文字の刻まれたケースの上に置いていたので、指の温度で金が溶けてしまったのです。おおたいへんだ、家宝を指の跡で汚してしまった。ありがたいことにステンハマルのお孫さんは落ち着いていました。祖父の高貴な心情はまぎれもなく彼のなかに生きつづけています。そんないきさつがあり、ステンハマルの指揮棒は私の心にあざやかな印象を残してくれました。

ヴィルヘルム・ステンハマルはスウェーデン以外ではほとんど知られていません。一八七一年ストックホルムに生まれ、ピアニスト、指揮者、作曲家として活動していました。一九〇七年にエーテボリ交響楽団の首席指揮者に就任、一五年間にわたって任をつとめました。どんな人物だったのでしょうか。

ステンハマルは就任早々、エーテボリ交響楽団をスウェーデン最高のオーケストラへと引き上げました。とくべつ器用にタクトを操ったわけではありませんが、オーケストラに推進力と音楽の方向性をあたえるのが得意でした。当時ストックホルムでは、オーケストラの質にかんしては夢に描くことしかできませんでした。ステンハマルは最初ピアニストとして成功しました。二〇歳くらいのとき、最初のピアノ協奏曲を作曲して大成功をおさめ、その協奏曲は時をおかずいたるところで再演されるようになりました。なかでもベルリンではベルリン・フィルとリヒャルト・シュトラウスの指揮で、ドレスデンではカール・ムック、マンチェスターではハンス・リヒターの指揮で演奏されています。ステンハマルはしばしばソリストとしてベルリンに戻ってきて、ベートーヴェンのピアノ協奏曲を演奏しました。主として歌曲、合唱作品、室内楽を作曲し、すばらしい弦楽四重奏曲が六曲あります。そして、まさに今回演奏した二つの偉大なオーケストラ作品――《大オーケストラのためのセレナーデ》とト短調の大交響曲――を書きました。セレナーデといっても堂々たる作品で、五楽章あるのに、謙遜して《セレナーデ》と称しているんです。

ブロムシュテットさんは、ステンハマルにかなり遅くなってから取り組まれましたが、ここエーテボリでは貴重な年月を過ごされましたね。ラルス・フェルミュースにヴァイオリンを師事されましたが、フェルミュースもエーテボリ交響楽団で弾いていました。

そのとおりです。ステンハマルの音楽には、ラルス・フェルミュースのレッスンでひじょうに早い時期に出会いました。フェルミュースはレッスンの最後にいつも室内楽作品を初見で弾かせるのです。あるときステンハマルの作品――ヴァイオリンとオーケストラのための《ロマンス》を演奏しました。当時私は《ロマンス》をすこし風変わりに感じ、また少しばかり大仰で、ひじょうに名人芸的だととらえました。それは当時の私の反ロマン主義的傾向とはあいいれませんでした。

当時リヒャルト・シュトラウスもお気に召しませんでしたね。でも、ドレスデンでは早々に彼の音楽を評価するようになられました［第1章参照］。ステンハマルにかんしてはいつ方向転換に成功したのですか。いつからステンハマルの作品を演奏しはじめられたのでしょう。

指揮を始めたころ、ストックホルムでステンハマルの劇音楽をレコーディングしてほしいと依頼されました。録音はやりましたが、作品はさほどたいしたものではありませんでした。そして私はその後まもなくスウェーデンを去ることになりましたが、ステンハマルが今回の偉大な二曲のオーケストラ作品［交響曲第二番と《オーケストラのためのセレナーデ》］を書いたということはいつも頭にありました。友人たちはこれら二曲を演奏すべきだといつも言っていました。長大な三巻本のステンハマル伝を書いた音楽学者・評論家のボー・ヴァルネルは親友というより、ほとんど父親という感じでしたが、彼はスウェーデン音楽に情熱を燃やしており、私がステンハマルを演奏しないのは言語道断だといつも言っていました。しかし私はスウェーデンから離れて、まずは異なった音楽を学ばねばなりませんでした。ノルウェイ音楽、デンマーク音楽、ドレスデンではリヒャルト・シュトラウス、それにアメリカ音楽をね。それでステンハマルは手つかずのままになっていて、いつも少しばかり良心の呵責《かしゃく》があったのです。
八五歳になったとき、いましかチャンスはないと思いました。首席指揮者としての責任はもうないので、ステンハマルをやらねばならないと思いました。それでト短調の交響曲をバンベルク交響楽団と演奏しました。バンベルク交響楽団とは親密な関係にあり、技術的にたいへんむずかしい作品でしたが、すばらしい演奏をしてくれました。ステンハマルの個性にもたっぷりと感情をこめてね。それが大成功に終わり、数週間後はハンブルク北ドイツ放送交響楽団と、またのちにはシュターツカペレ・ドレスデンとも演奏しました。来シーズンはこの曲をバイエルン放送交響楽団と、それからオスロ、東京、サンフランシスコで演奏します。

おうかがいしていますと、ブロムシュテットさんは正真正銘のステンハマル熱にかかっていらっしゃるみたいですね。この作曲家のどこがブロムシュテットさんには格別なのでしょう。

いまこの曲を聴くと、とても繊細で、なんと言っていいか、スウェーデンふうだと感じます。スウェーデン人はとても恥ずかしがり屋ですが、内気さを克服するや、とてもあけすけで熱狂的になることがあります。なんだかそういったものがこの音楽にはひそんでいるのです。ここにはとても特別な気分があります。いま高齢になってようやくそれを感じるようになりました。ひょっとするともう長いあいだスウェーデンから離れているから、そう感じるのかもしれません。この二つの大きな交響作品には、どちらも泣きたくなるほど心を動かされる部分があります。それが何かを正確に言いあらわすことはぜんぜんできません。ひどく郷愁を感じさせるなにかちょっとした表現があるのです。

もしかするとそれはスウェーデンの民俗音楽に由来する表現ではありませんか。

背景には大いにありますね。シベリウスの場合と似ています。シベリウスは民俗的旋律を引用することはまったくありませんでしたが、にもかかわらず多くのものがこの領域と関係しています。少しばかり教会旋法のようにも聞こえ、また少しばかり中世ふうにも聞こえます。ステンハマルにおいても同様です。バルトークにおけるフォークロアの影響とはまったくちがっています。ステンハマルは教会旋法を引用しませんでしたが、それは繰り返し何度もかすかに現れるのです。たとえばト短調交響曲の第一楽章の主要主題がその例です。それはじっさいドーリア調で書かれています。《セレナーデ》では、第一楽章の第二主題のなかに同じようなものがみられます。

ブロムシュテットは主題を歌った。

このような郷愁を誘う暗示があると、どうしたらいいのかよくわからなくなります。簡単にセンティメンタルになってしまいかねません。でもこの音楽はとてもよくできています。ポリフォニックでもあります。ほとんどブルックナーに似ているといえるほどです。ステンハマルがのちに撤回してしまった若書きの交響曲は、さらにブルックナー的です。ステンハマルものちに対位法を研究しはじめました、ブルックナーがジモン・ゼヒターのもとで研究したようにね。ステンハマルは、すでにピアニストとして人気を博し、エーテボリのカペルマイスターを務めていた時期にハインリヒ・ベラーマンに師事しました。

交響曲のなかで、四つフーガのある終楽章にはすぐれた対位法学習の成果が感じられますね。

そのとおりです。そのうち二つは二重フーガですね。この交響曲のフィナーレはむろんベートーヴェンの存在抜きには考えられません。つまり《ハンマークラヴィーア・ソナタ》と《大フーガ》の影響なしには考えられないのです。ステンハマルが理想としたのはベートーヴェンとシベリウスでした。シベリウスのおかげでステンハマルは作曲できなくなってしまいました。ここエーテボリで、ステンハマルはまさにわれを忘れてカール・ニールセンとシベリウスの演奏に取り組みました。彼のおかげでエーテボリは北欧音楽の中心地となったのですが、ステンハマルはシベリウスを敬愛しすぎて、圧倒されてしまいました。作曲がほとんどできなくなってしまったのです。契約では、彼は毎年一曲自作を上演してよいということになっているのに、最初の六、七年は自分以外の作曲家の作品だけを演奏していました。彼はとても内気な人間、聖書のことばでいえば「Noli me tangere（われに触れるべからず）[9]」を地でいく、たいへん繊細な人物でした。しかしひとのためにはあらゆることをやりました。そのことに私はたいへん感動しています。そんな人間はめったにいません。

交響曲のフーガによるフィナーレにはまさに打ち砕くような激しさがあると思います。

第二フーガがとくにすばらしいですね。すべてがピアニッシモで奏でられ、主題は拡大をはじめ、第一フーガのひじょうに荒々しい主題と対照をなすのです。とてもたくみに作曲されています。

巨大なフーガの流れに飲みこまれないものはなにひとつないかのようですね。でもそのことにすぐには気づきません。まるですべてのものがおたがいに関連しあっていることを、ステンハマルは示したかったように感じられます。

フーガの労作は終わり、いっけんまったく自由な「チャイコフスキーふう」のカンティレーナ「叙情的な旋律」が現れます。まるで音楽が、すべての束縛を投げ捨てよと言っているように聞こえます。でも、それは錯覚にすぎません。カンティレーナもまた、二つのフーガの主題を合体させたものだからです。あとになってそのことにようやく気づくのです。

私には交響曲のほうが《セレナーデ》よりおもしろく思われます。

交響曲は《セレナーデ》よりも深い作品です。《セレナーデ》はじつにうまくつくられています。ひじょうに対位法的でもありますが、独創的な娯楽音楽としても高いレヴェルにあり、たいへんみごとなものです。

その意味では《セレナーデ》とは、うまくタイトルを選んだものです。でも、そこにはモーツァルトの管楽器のためのセレナーデと同様、たんなる娯楽音楽ではなく、ずっとすばらしいものがひそんでいます。緩徐楽章はすばらしく美しく、懐古的な気分を覚えますが、終結部は淡泊です。スケルツォはもっとも型どおりに構成された楽章ですが、魅力にあふれています。

ステンハマルのピアノ音楽もひじょうに名人芸的で対位法的にできています。もっとも美しいピアノ作品はたぶん《晩夏の夜》でしょう。もし、ステンハマルほどの才能のない作曲家がこの曲を作曲したら、おそらくセンティメンタルになってしまったかもしれません。というのも、北のほうの夜はとくべつ美しいからです。しかし、ステンハマルの音楽はすばらしく控えめです。

ステンハマルにはたしかに自然の印象が流れこんでいますが、けっして自然の神秘とか自然の直接の描写ではありません。スウェーデンののロマン主義にはむろん、たんに雰囲気だけをなぞった音の絵画に耽《ふけ》る作曲家もたくさんいます。そういう音楽は数分間聴くには美しいものです。シベリウスにだって、もっと巧妙につくられてはいますが、そうした雰囲気だけの作品があります。彼の場合はつねに交響的に構成されていますがね。でも、ステンハマルはまったくちがいます。ステンハマルにとっては自然を描写することはただの始まりにすぎず、背後にはもっと深みのあるものをつくろうという意志があります。同時に彼はみずからをひどく疑っていました。いつも迷いを振り切らねばならなかった。これに対してシベリウスにはまったく唯一無二のものがあります。シベリウスをまねることはできません。彼はいかなる楽派もつくりませんでした。あらゆる作曲家に影響をあたえはしたもののの、そこから始まる楽派をみいだすことはできません。

ステンハマルにはエーテボリでその後どうしましたか。なぜ彼はオーケストラを辞めたのでしょうか。

ちょうど彼の決別の手紙が見つかったばかりです。感動的な文章ですよ。彼はこう書いています。「これ以上はもうやっていけない。すっかり精魂つきました。あなたがた楽団員には元気な指揮者がふさわしい」。それから彼は人生最後の数年間をストックホルムに帰って過ごしました。死ぬまえにオーケストラの理事のエドガル・マンヘイメルから手紙を受けとっています。オーケストラは一五年間にわたる恩義にこたえるために住居をプレゼントしたいと言ったのです。ステンハマルは、受けとるわけにはいかない、身に余ることです、と答えました。マンヘイメルは返事を書き、なぜそれが彼にふさわしいのか説明し、贈りものを受けとってくれるよう頼みました。それでステンハマルは返事を書きました。「あなたのおっしゃるとおりです。あのような返事をさせたのは私自身の遠慮というよりも尊大さからでした」と。彼はそういう人だったのです。そして贈りものを受けとりました。しかしいちども入居することはありませんでした。翌年亡くなったからです。

注

［1］――Scholem Alejchem（שלום עליכם,1859–1916）。ウクライナ生まれのユダヤ人作家。イディッシュ（ドイツ語に起源をもち、ヨーロッパやアメリカのユダヤ人社会で話されてきた言語）で執筆をおこなった。代表作に『牛乳屋のテヴィエ』がある。

［2］――ゲットー、シュテットルはともにユダヤ人コミュニティのこと。

［3］――Ovidius（BC43–AD17ごろ）。ローマの詩人。

［4］――ロンドン博物館所蔵のコーラン。

［5］――トーラーもタルムードもユダヤ教の生活・信仰のもととなっている教え。

［6］――ミサのときに歌われる詩篇の一節で、階段を昇って歌われることからこの名がついた。福音書朗読者が聖書台の段を昇るときに聖歌隊と歌を交わしあう。

［7］――中世フランスの王族ベリー公ジャン（Jean I, 1340–1416）は豪華な装飾本を好み、一五世紀はじめにランブール兄弟にこんにち『ベリー公のいとも豪華なる時禱書』の名で知られる装飾写本を制作させた。「時禱書」とはキリスト教徒の日課書で、祈禱文、讃歌、暦などで構成されている。

［8］――Frères de Limbourg。一五世紀初頭に活躍したフランドル地方出身の画家兄弟。ポル（Pol）、ヨハン（Johan）、ヘルマン（Herman）の三人。

［9］――新約聖書、『ヨハネによる福音書』20：17で、イエスが復活のあとマグダラのマリアにたいして言った言葉。

第8章

「真理を見つけたい」

ルツェルンでの会話

――バッハの比類ない偉大さ、ベートーヴェンにおけるメトロノーム

ヘルベルト・ブロムシュテットは一年のうちわずかな日々、ルツェルンの自宅で過ごすことを楽しみにしている。小さなメゾネットタイプの住まいには、完璧に分類された書架に資料がぎっしりとつまり、部屋を囲んでいる。リヴィング・ルームのキッチン・スペースと書斎スペースのあいだにはグランドピアノが置かれている。ピアノの左側には楽譜やスコアが積みあがり、なかにはかならずなにかバッハ関連のものがある。ピアノの右側からは、ブロムシュテットのゲヴァントハウスでの高名な先任者フェリックス・メンデルスゾーン・バルトルディがこちらを見下ろしている。ブロンズ彫刻はゲヴァントハウス管弦楽団のコントラバス奏者だったフェリックス・ルートヴィヒの手になるもので、ルートヴィヒはグリーグとベートーヴェンのブロンズ胸像も制作している。この二つの胸像をブロムシュテットはライプツィヒのグリーグ記念館[1]とゲヴァントハウス管弦楽団に寄贈した。

メンデルスゾーンの彫刻は、ゲヴァントハウスのカペルマイスターにして作曲家であり、そしてバッハの作品の再発見者である彼が、オーケストラのスコアを腕に抱き、リラックスした姿勢で石の台座にもたれかかっている姿をあらわしている。メンデルスゾーンは、リハーサルが首尾よく終わった帰り道、そんなふうにちょっと休憩をしたかもしれない。ピアノの向こう側の書架にはもうひとつメンデルスゾーンの彫刻があるが、こちらはフェリックス・ルートヴィヒによる頭部の石膏像である。ブロムシュテットの住居には絵画も数多くかかっている。螺旋《らせん》階段が屋根裏の最上階まで通じており、仕事部屋には音楽関係の資料がならべられている。広々とした屋上テラスからは、街のすばらしい景色が見える。

＊

さて、次の演奏旅行まで数日間お休みですね。いま何をしておられますか。

バッハです。このところ、家にいるときは毎朝朝食のあと《ヨハネ受難曲》について短い瞑想をしながら一日を始めています。

純粋に自由に考えをめぐらしておられるのですか。それとも上演のための準備ですか。

来年ミュンヒェンとオスロでおこなう公演の準備として、心躍る時間をすごしているのです。ライプツィヒで二〇〇〇年に演奏していらいまったく演奏していませんし、もういちど徹底的にこの作品に浸りたいのです。

なにか新しいことにお気づきになりましたか、それともバッハはブロムシュテットさんにとって不変の存在なのですか。

つねに新しいことに気づきます。現在の私は昔よりも、よりいっそうこの音楽がいかに個人的であるかわかるようになりました。この曲はけっして客観的に書かれてはいないのです。バロック音楽は十把《じっぱ》ひとからげにして客観的な音楽などといわれることがありますが、そうではありません。バッハはできごとにきわめて個人的に反応しています。コラールを聴くとわかります。たとえば第一一曲です。「誰がそんなにあなたを打ったのか、わたしの救い主よ」という問いにたいして「まさにこのわたしとわたしの罪が」[2]と答えます。もちろんバッハの答えではなく、詩篇の作者の答えです。しかしバッハがそれを選んだのです。もっと他の答えを選ぶこともできたでしょう。もうひとつの例は終曲のコラール、第四〇曲です。ここでバッハはイエス・キリストの復活への希望を歌いあげています。「そのときにはわたしを死からめざめさせてください。この目であなたを見るように、喜びのかぎり、おお神の子よ、わが救い主、御めぐみの玉座よ。主イエス・キリストよ、お聞きください、とこしえにあなたを頌《たた》えます」

バッハは信仰深い作曲家であり、この深い感動に満ちたことばを信仰に生きる作曲家としてみずからの作品の最後に置いたのです。そしてこの最後のことばにたいして未曾有《みぞう》の音楽的高揚をもってきたのです。ここで私たちに語りかけてくるのは、バッハ自身の個人的な望みでもあるということが私にははっきりわかります。

受難のできごとにたいするかずかずの主観的な反応とは対照的に、バッハが神の偉大さの前にぬかずいているようなパッセージがあります。冒頭の合唱を聴けばわかります。「主よ、われらの支配者よ、その誉《ほま》れがすべての国に輝いておられる主よ」。この音楽にはバッハの作曲者としての比類ない偉大さが表れています。——おそらくその偉大さをみずからも感じていたでしょうが、バッハはそれを誇示することなく、彼の神にしたがうのです。バッハはこの数小節で、『申命記』6：5[3]にあるように、じっさいに「心をつくし、魂をつくし、力をつくして」神に奉仕するのです。これ以上の模範があるでしょうか。聴き手にもステージの上の私たちと同じような思いをもっていただきたいし、またもってもらえると思っています。つまり、音楽は崇高なるものの予感を伝えるのです。私たちは完全無欠なものに到達することはできません。しかしそれはつねに頭に浮かんでいるのです。そして音楽は私たちを救ってくれます。なぜなら、バッハのあるモテットにあるように、「霊はわれらの弱さを助けたもう」からです。

バッハの作品では、どのような宗教的世界観がブロムシュテットさんにたいして語りかけますか。ルター派プロテスタント正統主義から敬虔主義の領域のどこにバッハを位置づけられますか。

もしかすると、バッハは極端な敬虔主義にたいして疑問をいだいていたかもしれませんが、彼は正統主義の名誉ある一代表者というだけでなく、それよりもはるか先を行っていました。彼は個人としてひとりのキリスト教徒であり、バロック時代の日常生活に深く根ざしていました。世俗の世界と神の国とは、バッハにとってあいいれない現実ではなかったのです。バッハは旧約聖書と新約聖書に共通の分母をあたえました。世俗的な作品ですら、こんにちもなお信じるに足るメッセージを変わることなく訴えかけているのです。聖トーマス教会でおこなわれた説教はとっくの昔に忘れられていますが、カントルだったバッハのカンタータは、こんにちもなお教会を音でみたしています。それが音楽の力なのです。

バッハは最晩年にいたって、彼の属していたプロテスタント的世界からカトリック的世界へむかって橋を架けようとすらしました。私が言っているのはミサ曲ロ短調のことです。彼はプロテスタントとカトリックの共通性、共通のキリスト教信仰を追究したいと感じていたのかもしれません。プロテスタントとカトリックのちがいがあまりにも大きいことは、数知れない戦争や血の海、そしてすさまじい論争によって証明されています。それはいくら強調してもしきれません。バッハはルター派プロテスタントであり、しかも正統主義を信じていましたので、おそらくエキュメニカル[4]な信仰をもっていたのでしょう。そうでなければ、カトリックのミサの典礼文のすべてを詳細にわたって作曲することはなかったはずです。

彼はミサ曲ロ短調以前にも短いミサ曲を作曲しています。〈キリエ〉と〈グローリア〉からなるミサ曲です。一七三三年、短いミサ曲を作曲してザクセン王に献呈し、のちにそれをミサ曲ロ短調に拡大するのですが、小ミサ曲とはいえ演奏に一時間もかかるため、礼拝では使えないものでした。バッハはこの作品でドレスデンのザクセン王にたいする敬意を表し、ドレスデンの宮廷楽長の地位にみずからを売りこんだわけです。しかしそれはたんにごくごく表面的なきっかけにすぎません。深い次元においてこのミサ曲は、バッハがたんなるプロテスタントの信徒としてではなく、普遍的なキリスト教徒として深い信仰を表現しようとしたことを示しています。カンタータや受難曲にはひじょうにひんぱんにみられる敬虔主義的特徴は、ミサ曲ロ短調においてはほとんどみられません。バッハはきっとても心のあたたかいクリスチャンであって、たんなる「頑固な信仰者」ではなかったのです。彼は同時に神学にも通暁《つうぎょう》していましたから。

どうしてそれがわかるのですか。

彼の使っていた大判の聖書のなかにメモがあります。聖書の余白にとても多くのコメントを書きこんでいます。テクストの印刷ミスを正したり、納得できなかった箇所に疑問符や神学的コメントをつけています。だから彼はこの聖書という素材にきわめて深く浸りきっており、かたく信じていましたが、妄信的というわけではありませんでした。生きたキリスト教徒であり、生きたキリスト教徒としてこの音楽を書いたのです。

ブロムシュテットさんのお考えでは、ミサ曲ロ短調はバッハの最大傑作(opus magnum)なのでしょうか。あるいはそのようには決めがたいですか。

ミサ曲ロ短調はバッハそのものです。どの作品とくらべてもこの作品に特徴的だといえることは、ここにはバッハのすべてがひそんでいるということです。もちろん《フーガの技法》《クラヴィーア練習曲集》《平均律クラヴィーア曲集》、ほかにも偉大な作品はありますが、彼の書いた作品でミサ曲ロ短調ほど包括的で、多くの様式を含み、多彩なものはありません。偉大な受難曲がいかにすばらしいとしても、ミサ曲ロ短調にはおよびません。この作品は長い時間をかけて書かれたので、バッハはそのなかにあらゆる経験を投入することができました。ミサ曲ロ短調のなかのいちばん古い曲は一七二〇年代の作品であり、最後に書かれた〈聖霊によりてみからだを受け(Et incarnatus est)〉という曲は彼の死のほんの数週間前に書かれました。これは彼の遺言なのです。

ミサ曲ロ短調には、様式的にはグレゴリオ聖歌からバロック・オペラのアリアまでの様式の幅があります。〈よみがえり(Et resurrexit)〉〈聖霊とともに(Cum sancto spiritu)〉のような輝かしく名人芸的な合唱曲があり、二重唱があり、〈神の子羊(Agnus Dei)〉のような独唱曲があります。形式の豊かさだけでも驚くべきものがあるのに、内面的ゆたかさはさらに勝っています。バッハと生きながらにして出会うためなら私はなんでも出しますよ。ひょっとすると、それはいつの日にかかなうかもしれません。バッハも私も復活を信じていますからね。しかし、それまでにまだ長い時間がかかることでしょう。私たちにはバッハの作品があります。彼はそもそも欲していること、感じていることのすべてを作品として書きしるしました。

それで、バッハは何を意図していたとお考えになりますか。彼の作品は音による神の存在証明だったのでしょうか、それとも音楽における普遍主義を表明した、最初の自律的芸術家だったのでしょうか。

バッハは音楽で神を敬《うやま》おうとしました。しかし心を楽しませようともしたのです。自分自身、家族、トーマス教会の生徒たち、そして聴衆それぞれの心をです。音楽は聴き手をリフレッシュするものであるべきです。しかし、それはただ楽しませることとはちがいます。知性と感情の両方が同時にリフレッシュされなくてはなりません。そしてバッハほどそれに長《た》けた人はいません。作曲家としての名人芸はまったくほかに例のないものです。同時に彼はオルガンの巨匠でした。いわばオルガンのパガニーニだったのです。比較が悪くてごめんなさい。ただ、オルガン演奏者としての彼の才能がいかにすばらしいものであったかわかってほしかったのです。彼はヴィルトゥオーソであると同時に作曲家でもありましたから、音楽をその根もとからポリフォニックに考えることができたのです。頭をひねってなにかを考えだすために机の前に座る必要がなかったのです。すべてが自然に脳裏に浮かび、ファンタジーは無限にひろがったにちがいありません。彼は音楽において同時代の人のはるかに先を行っていたので、誰よりもスリリングに、大胆に作曲しました。そして高い要求を掲げて、自分の子どもたちにも、またトーマス学校の歌い手たちにも同様の努力を求めました。演奏者はベストをつくさないかぎり、バッハの音楽を演奏し、歌う資格がないのです。

でも、作曲上のあらゆる名人芸はそれじたいを目的とするものではなく、音楽への奉仕、神への奉仕の手段でした。バッハは神の福音もまた伝えたかったのです。そのことはどの小節を見てもきわめて明らかです。バッハの音楽言語がどのようにして彼の宗教世界にも反映されているか、そこにいかに彼の宗教的感情と神の理想像が反映されているかについては、それを証明する膨大な文献があります。

ミサ曲ロ短調にはそういった例が満載されているのですね。

〈汝ひとり聖（クオニアム・トゥ・ソルス・サンクトゥス）〉というアリアでは、歌詞は「なぜならば汝のみひとり主／汝のみひとり高し／イエス・キリストよ」と、神の偉大さを語っています。

この主題ではすでに最初の二つの音がきっちりとオクターヴ全体を枠どっています。[5] 神は偉大ですべてを包括することを示しているのです。そのうえ、この主題は前から読んでも後ろから読んでも同じです。それは、神はつねにそれ自身であり、無謬《むびゅう》であり、分割されえないものだということを意味します。これはたんなる一例です。バッハは主題を創作するにあたり、みずからの心のうちにある神のイメージにしたがったのです。あるいはどのようにして神を讃えるべきか、救いを求め、神の前に跪《ひざまず》いたとき自分はどう感じるかというイメージにしたがったのです。

同じことがミサ曲ロ短調全体でいちばん長い冒頭の合唱、〈主よ憐《あわ》れみたまえ（Kyrie eleison）〉で起きます。たんに美しい音楽ではありません。両手を組みあわせて、「神はめぐみ深くすべてがすばらしく、私たちは喜びます」と礼賛するだけの音楽ではありません。むしろ救いを求める呼び声なのです。音楽は叫び声で始まります。「主よ、わたしを救ってください。わたしはもうたくさんの裁判所を訪れました。彼らはみな「否《いな》」と言うので、わたしはあなたのところに来ました。なぜならば、あなたはわたしの唯一の希望だからです」。ここで叫んでいるのはひとりの人間です。それはみずから神の御前に立つヨハン・ゼバスティアン・バッハなのです。それに続くフーガでは、あらゆる規則にしたがって展開される美しい主題だけではなく、呼び声がさらに続きます。ここに出てくる五声のひとつひとつの声部はそれぞれの流儀で、それぞれの音域で、それぞれの文脈で、それぞれに異なる強さで、この呼び声を先へと運んでいきます。それは段階的に高まりゆき、集中力を増し、同時にまるでため息のように聞こえます。ひとつの音から始まってこの動きはひろがり、高声部はさらに高い音域へと高まり、低声部はますます深く低音域へと沈んでいきます。まるで絶望の反映のようです。上のほうでは絶望した魂が叫び、下から答えがやってきます。それはすさまじい爆発力をもった音楽で、バッハ最大のオルガン・フーガであるホ短調フーガBWV548に似ています。「楔《くさび》形フーガ」とよばれるものです。ひとつの音から動きが始まり、徐々に二つの方向に楔形に分かれるからです。そのことで生じる緊張は甚大なものです。それは心の緊張、救いを求める呼び声でもあります。もしこの曲を聴いて美しいと感じるだけなら、この曲のメッセージを受け止めたことにはなりません。

音楽がいわば数学のように正確にその構造にのみにしたがって、表情ゆたかな内容をつくり出すことができるという好例でもありますね。

音楽はバッハにとって、その意味では、語り描かれるものであるだけでなく、自律的な芸術だったのです。芸術音楽は一面においてはそれ自身のもつ法則にしたがう、まったく抽象的で、かつ比喩的でない特性をもっています。しかし、音楽はそのように動きながらも同時に心の状態を反映します。音程の緊張、つまり二つの音のあいだに生じる緊張は、それらの音どうしがどれくらい離れているかによって、心の状態をも反映します。心のなかで強度が増大するとき、バッハの場合はたいてい昇りゆく旋律が生まれます。歌うとき、音が上がるにつれて声帯はより強く緊張します。そのようにして心の温度が上行旋律とともに上がっていくのです。そして下行するときは、それにおうじて音楽もゆるみます。わずかの例外はあるものの、バッハの旋律はそのように書かれています。

それは解釈上、何を意味するのですか。

ご存じのとおり、バッハの解釈についてはいつも大いに議論されています。でも、そもそも解釈というものは、音楽そのものからおのずと生じるものなのですよ。解釈とは、音楽家が「ここはディミヌエンドを加えると美しいだろう」などと思いこむことではありません。解釈は音楽そのもののなかに隠されているのです。それを感じられるだけ敏感であること、それに少しばかりの知識があればいいのです。それはバッハではとても簡単なことです。聴き手もまたこの変動する緊張を、音楽のなかに感じるのです。

バッハは世俗音楽も書きました。世俗カンタータ、鍵盤楽器のための膨大な作品、ヴァイオリンのためのソナタやパルティータ、また管弦楽曲、組曲、協奏曲。宗教音楽にくらべて根本的なちがいがあると思われますか。

バッハは徹頭徹尾、教会音楽家です。もちろん世俗音楽も書きましたが、特徴・質ともにほとんど教会音楽と変わりません。音楽のうえでは同じ言語を話しているのです。彼は世俗音楽でも神に仕えたということです。でも、教会音楽ほどすばらしい実をつけた作品はありませんね。もっとも偉大な作品についてはすでに話しましたね。ミサ曲ロ短調のことです。二〇〇曲あるカンタータや偉大な受難曲も同じです。私たちがこの遺産をしっかりと守ることができたなら、とてつもなく豊かな贈りものを受けとることができるのです。

としますと、バッハの偉大さの唯一無二のところはなんなのですか。

バッハは大半の人々とは異なる方法で神を認識していました。バッハが神に等しいなどとは言いませんが、偉大な芸術家であったがゆえに神により近いところにいたのはたしかです。もしかすると彼がたくさんお祈りをしたから、などということとは関係ありません。バッハはその無限の並はずれた才能によってのみ、神に近いところにいたのです。もちろん、彼が人間であって聖人ではないことはわかっています。とても怒りっぽくなることもあれば、せっかちでもあったでしょう。彼が要求した高い水準が、同僚や生徒たちによってつねに傷つけられていると感じていたからです。こうしたことを知っていると、いつも、またどんな些細なことにたいしてでも闘わずにいられず、それでも偉大な目標を見失わなかったこの驚くべき人間にかんするイメージが豊かになります。それは、神の偉大さをつねにはっきりと意識していた人にしかできないことでした。バッハの受難曲についてメンデルスゾーンがすばらしいことを言っています。大意はこういうことです。「仮に私が信仰のすべてを失うようなことがあったとしても、バッハのコラールがひとつあれば、また信仰をいだくことができるだろう」。そのことばには真実のものがあります。コラールにみられる音楽と言葉の一致は、音楽を知る人間の心には驚くべき作用をもたらします。

ブロムシュテットはメンデルスゾーンからの引用で昼休み前の話を締めくくった。自宅ですごす数少ない日々は外に食事にでかけずにすむのでうれしそうだ。出かけるより自分でちょっとキッチンに立ち、わたしたちのためにヴェジタリアンの昼食をつくってくれる。

ブロムシュテットさんは名曲のほとんどをすでに何十年も演奏されています。たまにはご自身の以前の解釈を振り返ってみられることがありますか。

いつも楽譜にたくさんのメモを書きこんでいます。一年後、あるいは数年後に同じ作品に戻ってきたとき、かつてメモしていたことを見てしばしば驚きます。そのときには多くについてまったくちがった見方をしています。しかし、だからといって古い見方がまったくまちがっているわけではありません。少しジグザグ状に行ったり来たりはしても、最終的には良い方向に行けばいいのです。

ひょっとすると、螺旋状にですか？

そう、螺旋状というのが現実的です。

ときにはご自身の古い録音もお聴きになりますか。

ほとんど聴きません。聴き返したら、たいていの場合はとても失望すると思います。とてもめんどうなことになるかもしれません。ゲヴァントハウス管弦楽団とのベートーヴェン交響曲全集の録音主任技師のブラウンさんから今日の昼、郵便を受けとりました。去年、交響曲第二番と第七番のライヴ録音をすませたのですが、その最初の編集を送ってきたのです。そういうものを試聴すると何ページものコメントを書きたくなるんです。もっとちがったふうにやりたいと思う箇所についてね。顕微鏡で見るように聴くと、悪いところばかり確認してしまいます。それに、考え方の変化がとても速いので、昨日よかったものも今日はもうよくないのです。それが私たちの運命です。それでも、たまにうまくいったときはうれしいものですよ。

全般的にご自分の解釈が変わったといえますか。

発展を一本の線としてみようとするならば、より自立し、作品に忠実になったといえると思います。外的なこと、他人の言うこと、他の人がどんなふうに演奏するか、などといったことは歳をとるとともにますます重要でなくなります――そして原典がますます重要になります。かつて、どちらかというと感情にもとづいておこなったことは、もう興味をそそりません。
聖書にかんしてもまったく同様です。他の人々がどう聖書を読むかは重要ではなく、自分自身が真実を見つけねばならないのです。スコアにおいても同じです。優先すべきは、そこに何が書いてあるかです。歳をとればとるほど、責任を負う心がまえがしっかりしてきます。またより大胆にもなります。初心者のときは模範や教師にまだかなり依存しています。トスカニーニは嘲笑《ちようしよう》して、「伝統？最近の悪い演奏のことを伝統というのだ」と言いました。伝統にはめったに真実はないのです。
聖書はかなりよく知っていますよ。子どものころは毎日読んだものです。でもいまはまったく異なった読み方をしています。昔はすべてまちがっていたと考えているわけではありません。しかしちがったニュアンスや脈絡がわかるようになるのです。聖書を読むだけでは正しい背景を知ることはできません。聖書を文学作品のように読まないといけないのです。預言者たちは偉大な人々であり、神から霊感を得ました。しかし、彼らはまずなによりも芸術家だったのです。『ヨブ記』をごらんなさい。神が語られるところが四章あります。でも語るのはむろん神様ではなく芸術家です。子どものころはものごとを文字どおり受けとりますが、音楽の場合もよく似ています。まず音楽の美しいメロディのみ聴きますが、それがすべてではありません。それははじまりにすぎないのです。

ほかの指揮者の録音はお聴きになりますか。

めったに聴きません。影響を受けたくないからです。そうこうしているあいだに私は自信をもてるようになり、自分自身を信頼しようと思っています。もちろん自分は絶対だなどとは思っていません。今日のところは、それでいい。私にはそれでいい。

ベートーヴェンにかんしては何度か例外をつくって他の演奏を聴きました。テンポをどうあつかうかに興味があったからです。ゲヴァントハウスのカペルマイスターは毎年ベートーヴェンの交響曲第九番を演奏することになっており、私ももういくどとなくやりました。この曲を去年の大晦日《おおみそか》にゲヴァントハウス管弦楽団と演奏したとき――その演奏はＤＶＤで出ることになっています[6]――、もう少し背景を知りたいと思いました。それでいくつか聴いてみたなかに、一九四五年[7]のバイロイトでのフルトヴェングラーの録音がありました。とても感動的でとてつもない緊張感をみなぎらせています。さらに、ＣＤ一〇〇枚組のトスカニーニのボックスを手に入れて、彼の一九四〇年代と五〇年代のベートーヴェンの録音を研究しました。きわめておもしろいものでした。そのころはまだ校訂版楽譜がでていなかったにもかかわらず、トスカニーニはベートーヴェンの記したメトロノーム表記にひじょうに忠実に指揮をしていたからです。ひょっとするとトスカニーニは校訂版を知っていたのかもしれません。それは当時まったく知られておらず、スコアとしては出版されていなかったのです。当時私はベートーヴェンのテンポ指示をまだしっかりまじめに受けとめていませんでした。トスカニーニの完璧さと規律正しさをとても尊敬しましたが、当時彼のベートーヴェンは少しヴェルディのように聞こえました。いまこの録音を聴くと、ベートーヴェンをこんなふうに演奏するにはとても勇気がいっただろうと思います。もちろんトスカニーニにとっては、できるかぎり反フルトヴェングラー的にやることがだいじでした。私にとってはトスカニーニは未来をさし示す指揮者であり、フルトヴェングラーはむろん魅力的ではあるものの、彼が迷いこんだのは袋小路であったと思います。

フルトヴェングラーは、同じ作品を異なった、いやほとんど正反対の解釈で演奏しました。作品をたえず変わる観点からみていたのです。

たしかに。彼の解釈は文字どおり一期一会のもので、そのなかにはむろん良いものもありました。作品を毎回新しく作曲しなおしたようなものです。それと関係するのですが、作曲家フルトヴェングラーは、やむをえず指揮者をやっていたのです。フルトヴェングラーはまさにベートーヴェンを演奏しているときにも作曲をしていました。彼が作曲したものを私はあまり知らないので、それにかんしてなにも言えません。作品をいくつか聴きましたが、指揮したいと思うほど彼の音楽に魅力は感じませんでした。でも、いまならいちどやってみたいとは思います。彼に敬意を表してね。彼の音楽は時代のたいせつなドキュメントです。あるとき、ダニエル・バレンボイムとフルトヴェングラーのピアノ協奏曲を演奏しようと意見が一致したのですが、まだ時間をみつけられていません。

私より前の世代は、音楽にたいしてまったく異なった倫理観をもっていました。ずいぶんと勝手なふるまいをしたものです。一九世紀においてはそれはさらに極端で、ヨハネス・ブラームスは自分が校訂したシューベルトの交響曲集で、勝手に数小節を作曲して付け加えたのです。不備があると思ったので、あっさりと彼の言う意味で「修正」したのです。その旨をどこに告げることも、それとわかるようにすることもなくね。そのようなやり方はこんにち私たちにとってはまったくありえないことですが、あの時代には完全に普通のことでした。現代、音楽作品の出版は、きわめて高い水準にあります。なぜなら、作曲家の手によるもの以外はスコアにあってはならないからです。すべてが正確をきわめて記録されています。そのことを私は大いに歓迎しています。

ゲヴァントハウス管弦楽団とのベートーヴェン録音はもう完成間近ですね。ブロムシュテットさんはベートーヴェンのメトロノーム指示を終始一貫して守られたのですか。

ええ、そうこうするうちに、ベートーヴェンのメトロノーム指示は一貫してまじめにとらねばならないという考えに落ち着きました。彼のメトロノーム指示に隷属《れいぞく》的にしたがうことだけはしてはなりません。さもないと機械的になってしまうからです。演奏者は柔軟でなくてはなりません。変更は気づかれないように加えるのです。昔はこの速いテンポでは演奏不可能だといわれていました。しかし、すべては可能なのです。で、演奏不能寸前になるような箇所もありますが、きっとベートーヴェンははっきりとそれを望んでいたのでしょう。そうするとテンポは曲の性格にも影響をあたえます。技術的に不可能ぎりぎりの限界で演奏していると、特別な表現が生まれるからです。すべてがとても心地よく演奏できるようなとき、音楽はいくぶん激しい性格を失います。

新しい校訂版を使えば解釈は変わりますが、疑問の余地がなくなるわけではありません。《英雄》の第二楽章には、最終的に原典の教えを乞うたところがあります。ジョナサン・デル・マール[8]がすばらしい仕事をした版を使っていますが、それですら限界に行きあたります。たとえば、アクセントの記号とディミヌエンドの記号がまぎらわしいところがあるのです。ベートーヴェンはアクセント記号をときにはきわめて短く書きましたが、ときにはアクセント記号がその小節全体にわたるほど長く書かれていることもあります。するとアクセント記号はディミヌエンド記号のように見えます。しかし両者はまったく異なった響きになってしまいます。アクセントがあるときは、その後の音をすぐピアノ（弱音）に替えなくてはならず、ディミヌエンドの場合は持続的な進行になります。しかし、スコアの校訂者は意味ある決定を下さねばなりません。そうでないと音楽家は演奏できませんから。《英雄》の緩徐楽章の第二主題には、主題を反復するところでベートーヴェンが最初アクセントにしていたのをディミヌエンドにしているところがあります。そのフレーズは反復されると旋律的にも高まり、かつてないほど高揚します。

ブロムシュテットは両方の形を歌った。

マールの版では後者をアクセントにしていますが、私はそこではディミヌエンドが意図されていたにちがいないという印象をもっていました。楽譜もまた変わるわけですから強弱が変わります。それで、ウィーンでウィーン・フィルと《英雄》を演奏したとき、ベートーヴェンが自分の演奏用に使用し、彼自身の修正が書きこまれているオリジナルのパート譜を見ました。自筆譜は失なわれましたが、パート譜にはじっさいにきわめてはっきりと、とても長いディミヌエンドが小節全体にわたって書かれていました。それどころかパート譜のひとつには「デクレッシェンド」とすら書かれていました。そのときはじめてわかったことなのです。

ウィーン・フィルもまた、第二楽章をオリジナルのテンポで演奏していませんでした。オリジナルのテンポは♩＝80です。しかしたいていはここをせいぜい♩＝50で演奏しています。まちがったテンポでの演奏は興味深い結果を引き起こします。たとえば、《英雄》の第一楽章はもともと提示部の反復を要求しています。しかし、反復はほとんどされることがありません。なぜでしょうか。もしその楽章をゆっくりと演奏しすぎた場合、二度は聴いていられないからです。もしその楽章をメトロノーム表示の要求どおり、「コン・ブリオ（快活に）」で演奏した場合は、反復がすばらしい効果をあげます。テンポの指示だけを真剣に受け止めて演奏すると、この楽章は三つ振りではなく一つ振りで指揮をすることになります。速いテンポで演奏するためにはもちろん良いオーケストラが必要です。

楽器はベートーヴェンの時代以降さらに発達しました。現代のオーケストラは一九世紀のオーケストラとはちがった響きをします。そのため少し古い世代の指揮者たちは修正をおこない、楽器編成を変えることもありますね。どう思われますか。

多数の修正をおこなったグスタフ・マーラーは、彼自身の作品についても、あとに続く指揮者たちが彼の許可なしに修正を加えてもよいばかりではなく、どうしても必要な箇所には修正をほどこさなければならないと言っています。大いに斟酌《しんしゃく》して受けとめなければならない話です。それは、すべてを変更してよいという「白紙委任」ではないからです。たいていの場合、なにかうまくいかないときは自分自身を変えればよく、楽譜を変える必要はないからです。音のバランスを少し変えればよいのです。たとえば、クラリネットが聞こえないときは、他のパートをひっこめねばなりません。たいていの場合はなにも変更する必要はないのです。しかしときには変更がふさわしいこともあります。

ベートーヴェン自身も木管の数を二倍にすることを計算にいれていました。交響曲第四番では、管楽器を倍にして演奏すべきところを記しています。そこには「独奏（Soli）」と「総奏（Tutti）」と書きこまれています。しかし、バランスは強弱の段階づけで変えることもできます。私がいくつかの交響曲をシュターツカペレ・ドレスデンと演奏したときは、楽員の希望にしたがって倍管にしました。しかし、この問題にかんしては教条的になるべきではありません。だから私は原則として、変更をできるだけ少なくしています。どうしても変更せざるをえない場合は、誰も気づかないようにやっています。フェリックス・ワインガルトナーがすすめたような変更も私はしません。

楽譜に書かれていない箇所でもホルンを入れるべきだとワインガルトナーは推奨しています。背景には、かつて技術的に吹くことが不可能であった箇所も現代のホルンでは吹けるようになったことがあります。でも、まったくそんな必要はないと思います。昔のホルンで演奏できた自然音だけにホルンを使っても、すてきだと思います。このことは、たとえば交響曲第五番で音楽的な意味をもちます。古いホルンでは音をだせない調で音楽が進行する箇所で、ベートーヴェンは主題をファゴットに吹かせています。まさにこの変化が美しい響きをもたらすと思います。たしかに、ファゴットはホルンよりは少し弱いですが、かなり大きな音を出すこともできます。主音にいたったところでホルンをふたたび入れると、ふたたび家に帰ってきたような落ち着いた気分になります。私の師匠たちは音が力強く響くという理由で、あらゆる箇所でホルンを吹かせるようにいつもすすめていました。しかしファゴットがまさにフォルティッシモで演奏すれば、それでひじょうに印象的に聞こえます。

どのようにして人に気づかれないような修正をなさるのですか。

ベートーヴェンの交響曲第六番では、たとえばスケルツォで弦楽器の編成が大きい場合、第一フルートの副声部がフォルティッシモで吹いていても聞こえない箇所があります。そこでは第二フルートは和声音をいくつか奏するだけなので、第二フルートにも第一フルートを演奏させ、和声音を第三フルートに吹かせます。小さな、ほんとうにわずかな変更です。トゥッティにも管楽器の重要なユニゾン箇所がありますが、そこではクラリネットは沈黙しています。そこにクラリネットを入れるかどうか考えてみる必要があります。何といってもトゥッティだからです。ベートーヴェンの時代、クラリネットはオーケストラにまだ完全にとりいれられていませんでした。モーツァルトのような天才は、当時にしてすでにそれを彩《いろど》りのためにとりいれ、クラリネットのためのすばらしい作品を書きました。しかし、ベートーヴェンは交響曲第二番のいくつもの箇所でトゥッティ楽器としてすらクラリネットを避けています。これはたんなる実例にすぎませんがね。さらに強弱にかんしても修正をいくつかほどこしますよ。

デュナーミクはもちろん楽器編成より柔軟にあつかうべきことがらですね。フォルテがどれくらい大きな音で、またピアノはどれくらい弱い音でなければならないかに決まりはありませんから。

まさにその例を昨日の朝、メンデルスゾーンの《讃歌》［交響曲第二番］を調べていたときに見つけました。「ピアニッシモ」と書かれていて二小節後に「センプレ・ピアノ（つねに弱く）」となっている箇所があります。それを文字どおりに受けとると、「ピアノ」のほうがその前の「ピアニッシモ」より音が小さいことになります。でもメンデルスゾーンはそのようには考えていなかったと思います。「センプレ・ピアノ」は、ここでは「ソフトに、やわらかに続けてください」という意味でしょう。そうした指示は理性で読むべきであって、文字どおりに受けとってはならないのです。聖書にかんしても同じです。聖書を文字どおりに受け止めるのは、完全にまちがいです。すべてを象徴として受けとめてもまた、おかしなことになってしまいます。どの箇所でテクストを文字どおりに、またどの箇所で比喩的に読まねばならないかを決められるくらいに賢くなければならないのです。しかし、神様は私たち人間を賢い人間としてつくってくださったのです。願わくばね。

注

[1]——第4章参照。
[2]——本章における《ヨハネ受難曲》およびミサ曲ロ短調の日本語訳はすべて樋口隆一による。
[3]——旧約聖書、「モーセ五書」のひとつ。
[4]——キリスト教のさまざまな教派を超えて結束しようとするエキュメニズムの思想の持ち主という意味。
[5]——冒頭のコルノ・ダ・カッチャ（狩のホルン）の最初の二音のことをさしている。
[6]——このDVDは二〇一七年に発売された。
[7]——「一九五一年」あるいは「一九五五年」の誤りと思われる。

［8］――Jonathan Del Mar（1951–）。イギリスの音楽学者、指揮者。ベーレンライター版のベートーヴェン交響曲全集などの校訂を手がけている。

日本語版監修者あとがき

樋口隆一

マエストロ・ヘルベルト・ブロムシュテットとはじめてお話ししたのは、いまから三二年前、一九八六年の秋のことだった。マエストロはこのときNHK交響楽団から「名誉指揮者」の称号を贈られたため、同団の機関誌『フィルハーモニー』（一九八六年一二月号）のために「ブロムシュテット氏、音楽を語る」というインタヴューをさせていただいたのである。当時の私はドイツ留学から帰国後数年経ったばかり。若手の音楽学者として同誌でプログラム解説を担当していた。

インタヴューは伊皿子のN響練習所でおこなわれたが、私がバッハの研究者だとわかると大いに喜ばれ、ひとしきり熱いバッハ談義が続いてなかなか本題に入れなかった。いま本書を読むと、バッハと彼の音楽とが根源的にかかわっていることがわかる。

当時、マエストロは一〇年間首席指揮者を務めたシュターツカペレ・ドレスデンを去り、サンフランシスコ交響楽団音楽監督として活躍を始めたところだった。その後、ハンブルク北ドイツ放送交響楽団首席指揮者を経て、一九九八〜二〇〇五年、バッハの町ライプツィヒでゲヴァントハウス管弦楽団首席指揮者を務められた。九〇歳を超えた現在は、これらのポストから解放され、世界中の超一流オーケストラとともに年間八〇回もの演奏会をこなしておられる。

うれしいのは、三二年前の約束を忘れず、毎年のように私たち日本の聴衆のためにすばらしい演奏会を続けておられることだ。二〇一六年にはNHK交響楽団桂冠名誉指揮者になられたうえ、NHK放送文化賞を受賞。二〇一八年には旭日中綬章を受章されたことも、マエストロと日本との強い絆《きずな》の証である。

ことし二〇一八年、うれしい偶然がマエストロとの再会を可能とした。かつての教え子であった力武京子さんがブロムシュテットの大ファンで、マエストロの九〇歳を記念してドイツで出版された本書を、どうしても日本語に訳したいと相談してくれたのである。力武(旧姓塩川)さんは大阪大学准教授としてドイツ語教育に携わっているが音楽の専門家ではないので、監修者として翻訳を支えてほしいという。彼女は、ドイツ留学から帰国したばかりの私が、一九八一年に東京外国語大学ではじめて音楽学にかんするドイツ語講読を教えはじめたときの最初の学生のひとりである。しかもまったくの偶然ながら、ご主人の力武健次さんの母上が、私の母の親友でもあることもわかった。そんな彼女のたっての願いを無下にするわけにはいかなかった。そこでドイツ語の原書を送ってもらったところ、もうひとつの偶然にまた驚かされた。共著者のユリア・スピノーラ女史は、私が二〇〇六年にウィーンのアルノルト・シェーンベルク・センターで研究生活を送っていたとき、ドイツの最有力紙『フランクフルター・アルゲマイネ・ツァイトゥング』の音楽記者として、同センターが主催したシンポジウムに参加され、その縁で知り合った女性だったのである。

力武さんとの本格的な共同作業は、二〇一七年一〇月から始まった。私自身はそのころ、レオポルト・ノヴァーク著『ブルックナー研究』（音楽之友社、二〇一八）の訳業が大詰めを迎えていたが、力武さんの良心的な翻訳の進展をお手伝いするのは楽しかった。そこで、二〇一八年四月、NHK交響楽団の定期公演で指揮されたマエストロに、力武さんを紹介しようと思い立ったのである。感激の対面は、力武さんの意欲を倍増させただけでなく、マエストロから心のこもった序文をいただけるきっかけにもなった。本書冒頭に掲載された「日本の読者のみなさんへ」がそれである。私たちの対面をアレンジしてくださったNHK交響楽団事業広報部の北見佳織さんに感謝申し上げたい。

本書は、マエストロの忙しいスケジュールのあいだを縫ってスピノーラ女史がおこなったインタヴューをもとに構成されている。ドレスデン、コペンハーゲンにはじまり、ブロムシュテット一家が夏の休暇を楽しむスウェーデン西部のヴェルムランド、ライプツィヒ、もうひとつの避暑地ブングストルプ、ゲヴァントハウス管弦楽団との一週間の演奏旅行、エーテボリ、ルツェルンである。その結果、私たち読者は、スピノーラ女史に連れられてマエストロの日常を体験しながら、折に触れて音楽上の深い内容の話を聞かせてもらえるような気持ちになる。

バッハに始まり、ハイドン、モーツァルト、ベートーヴェンを経て、ブラームス、ブルックナー、そしてにマーラーにいたるドイツ＝オーストリア音楽解釈の巨匠として揺るぎない地位を確立したマエストロが、近年ではステンハマルに代表される北欧音楽の指揮に力を入れておられることは知られているが、若き日には現代音楽の演奏に多くのエネルギーを割いていたことを知るのは新鮮な驚きだろう。彼によれば、音楽の解釈とは、そうしたさまざまな音楽がそれぞれ固有にもっている構造上の秘密を探りあて、それを内面的なメッセージとして表現することだという。まさに至言ではないか。そうしたみごとな解釈の根源は、エーテボリ大学に寄贈された厖大《ぼうだい》な書籍や一次資料のコレクションから得られた、驚くほど幅広い教養であることはいうまでもない。そのことを私たちは、マエストロの卓越した解釈から感じてはいるが、本書を読むことによって、より具体的に知ることができるのもうれしい。

本書のような質の高い音楽教養書の出版を喜んで引き受けてくださっただけでなく、より良い本とするためのあらゆるアドヴァイスを惜しまなかったアルテスパブリッシングの代表取締役・木村元さんに、心からの御礼を申し上げたい。

二〇一八年八月

訳者あとがき　　力武京子

二〇一七年七月、ヘルベルト・ブロムシュテット氏の九〇歳の誕生日を記念してリリースされたベートーヴェン交響曲全集のCDを注文しようとしたとき、本書の広告が目にとまりました。一週間後ドイツから届いた郵便を急いで開封し、第1章に目を通した私は、「音楽を愛するひとにこの本をぜひひとも読んでほしい。日本のブロムシュテット・ファンになんとかして氏の精神世界を伝えたい」という想いに駆られました。読めば読むほどより多くの人にこの感動を伝えたいという気持ちが強まり、とうとう恩師の樋口隆一先生にご相談したところ、アルテスパブリッシングを紹介していただきました。

初来日のころからテレビで観ていたブロムシュテット氏の演奏は、オーケストラ音楽にうとい私にも不思議な感動をあたえるものでした。まったくこれみよがしのところがなく、すべての声部が明瞭に聞こえてきます。二〇一〇年から毎年一カ月程度ドイツやオーストリアに行くようになった私は、マエストロの指揮するベルリン・フィルやウィーン・フィルの演奏に何度も接し、ますます敬愛の念をつのらせました。インターネットを探しまわって彼のインタヴューや解説を、ドイツ語でも英語でも、さらにはスウェーデン語でも聴きました。翻訳中に事実がはっきりつかめないところがあっても、ネットのインタヴューを調べればたいてい解決できました。

一九八〇年、ちょうどブロムシュテット氏がシュターツカペレ・ドレスデンの首席指揮者の任にあったころのことです。まだ東西ドイツが分断されていた時代でしたが、西ドイツ人の知人二人と車で東ベルリンに行ったことがあります。私たちは尾行されていることに気づきました。「壁」が背後に見えるアパートの前に車を止めた瞬間、周りを取り囲まれ、一分後には警察がやってきて私たちは署に連行されました。スパイ容疑だというのです。「国境地帯、立ち入り禁止」という札に気づかず駐車しただけなのに。同じドイツ人でありながら互いにののしりあう姿を見て、滑稽にすら感じたいっぽう、私には「たいせつな友好国の留学生さんに迷惑をかけて申し訳ない」と丁重に扱ってくれたことが、さらにこの事件を印象深くさせました。午前〇時に無事釈放されましたが悪夢の六時間でした。

この経験を思い出すたび、ブロムシュテット氏はどうして一〇年間（事実上一五年間）もそのような自由のない監視社会で、あのように輝かしいシュターツカペレ・ドレスデンの黄金時代を築くことができたのか興味をいだきました。本書を読むと、子供のころ、当時たいへんめずらしかったラジオでシュターツカペレ・ドレスデンの演奏を聴いて舞いあがってしまったことが、彼のドレスデンとの最初のかかわりだったとわかります。東独で支払われる報酬は国外に持ちだせません。となると、スウェーデンにいる家族をどうやって養ったのでしょう。彼は北欧のオーケストラの首席指揮者を兼任することによって家族の生活費をまかないました。では、東ドイツ貨幣は何に使ったのでしょう。ヴァイオリンを買い集めて有能な楽団員や音楽学生に楽器を貸し出したり、高価な稀覯本《きこうぼん》を蒐集《しゅうしゅう》しては後年、その他の蔵書ともども「ヘルベルト・ブロムシュテット・コレクション」としてエーテボリ大学に寄贈したのでした（三万冊のコレクションのうちまだ一万冊は氏の自宅にあります）。

本書には氏の芸術観、人間観、宗教観がこまやかに語られています。聞き手のスピノーラ女史はじつにうまく質問し、氏に雄弁に語らせています。たまにジョークで逃げられているところもありますが。

本書には多数のスウェーデン語やデンマーク語、ノルウェイ語の地名や人名がでてきますが、これらの言語の発音をカタカナで表記するのはほとんど不可能でした。すでに定着したカナ表記があるものはおおむねそれにしたがい、ないものはさまざまな方法で調べました。そもそも「ブロムシュテット」という読み方からしてドイツ式で、ほんらいは「ブルムステット」に近い発音です。また、聞き手のユリア・スピノーラさんの名前も、ドイツ式に読めば「シュピノーラ」ですが、イタリア系の名前であるため、本人に確認したうえで「スピノーラ」と表記しました。スウェーデン語にかんしては、大阪大学文学部教授の金水敏氏にスウェーデン人留学生のセバスティアン・リンドソコグさんをご紹介いただきました。お二人のご協力に厚く御礼申し上げます。

音楽・ドイツ語全般にわたりご教示いただくとともに、論文調の訳文に手を入れてくださった恩師の樋口隆一先生、ていねいな編集作業で本書を形にしてくださったアルテスパブリッシング代表取締役の木村元氏、ブロムシュテット氏との面談を可能にしてくださったＮＨＫ交響楽団事業広報部の北見佳織氏、声楽にかんしてご教示くださいました廣澤敦子氏に心からの感謝を申し上げます。また、家族として背後からサポートしてくれたスウェーデン語学習中の夫・力武健次にも、この場を借りて感謝の思いを伝えたいと思います。

どうかこの本がみなさんにとって、現代最高の指揮者をより深く理解する鍵となりますように。

二〇一八年九月

ヘルベルト・ブロムシュテット略年譜

1927　7月11日　アメリカ合衆国マサチューセッツ、スプリングフィールドにて、コンサート・ピアニスト、アリーダ・アルミンタ・ブロムシュテット（旧姓トールソン）とアドヴェンティスト派自由教会牧師アドルフ・ブロムシュテットのあいだに生まれる。

1929　スウェーデンのニューヒュタン（エレブロ郡）に家族で引っ越す。そこで父はアドヴェンティスト派の神学校を主宰した。

1932–1945　ブロムシュテット家はフィンランドとスウェーデンのさまざまな地方で過ごす。家族は父の教会での勤務地がひんぱんに変わったため、転居を余儀なくされた。

1945–1950　ストックホルム王立音楽大学で音楽教育、オルガン演奏法、合唱指揮を修める。トール・マンの指揮クラスで学ぶ。

1948–1952　ウプサラ大学で音楽学を専攻する。

1949–1956　クラニヒシュタイン音楽研究所［現ダルムシュタット国際音楽研究所］にて現代音楽国際夏期講習に参加する。

1950, 1951, 1954　ザルツブルク・モーツァルテウム音楽院にてイーゴリ・マルケヴィッチの指揮クラスの夏期講習に参加する。

1952–1953　ニュー・イングランド音楽院（ボストン）、ジュリアード音楽院（ニューヨーク）、タングルウッド・バークシャー音楽センターにて、とくにジャン・モレル、ルーカス・フォス、レナード・バーンスタインのもとでさらに研鑽を積む。

1954　2月3日　ストックホルム・コンサート・ホールにてストックホルム・フィルハーモニー管弦楽団とデビュー・コンサートをおこなう。

1954–1961　ノーシェピン交響楽団にて首席指揮者をつとめる。

1955　5月29日　ワルトロード・ブロムシュテット（旧姓ペータシェン）と結婚。

1955　5月29日　長女セシリア誕生。

1957　10月23日　母アリーダ・ブロムシュテット死去。

1958　バーセル（スイス）のスコラ・カントルムで6週間研修。

1959　2月6日　次女マリーヤ誕生。

1961–1967　オスロ・フィルハーモニー管弦楽団の首席指揮者をつとめる。
首席指揮者としての活動の拠点がオスロ－コペンハーゲン－ストックホルムと変わるあいだ、家族とストックホルム近郊のダンデリに、一九八四年以降はルツェルンに住む。居住地がひんぱんに変わることによって、子供たちが自分の幼年時代のように根無し草にならないようにするためであった。

1961–1971　ストックホルム王立音楽大学の指揮科教授をつとめる。

1967–1977　デンマーク放送交響楽団（コペンハーゲン）の首席指揮者をつとめる。

1969　4月17日　シュターツカペレ・ドレスデンにデビュー。

1969　12月27日　三女エリザベート誕生。

1970　2月4日　ライプツィヒ・ゲヴァントハウス管弦楽団にデビュー。

1971　10月10日　四女クリスティーナ誕生。

1976　ベルリン・フィルハーモニーにデビュー。

1980　8月23日　ボストン交響楽団にデビュー。

1981　1月28日　父アドルフ・ブロムシュテット死去。

1981　4月9日　ロサンジェルス・フィルハーモニックにデビュー。

1981　11月13日　NHK交響楽団（東京）にデビュー。

1982　12月18日　バンベルク交響楽団にデビュー。

1975–1985　シュターツカペレ・ドレスデンの首席指揮者をつとめる。

1984　2月8日　サンフランシスコ交響楽団にデビュー。
1985–1995　サンフランシスコ交響楽団の音楽監督をつとめる。
1987　4月16日　フィラデルフィア管弦楽団にデビュー。
1988　1月7日　シカゴ交響楽団にデビュー。
1988　パリ管弦楽団にデビュー。
1994　3月10日　ニューヨーク・フィルハーモニックにデビュー。
1996–1998　ハンブルク北ドイツ放送交響楽団［現ＮＤＲエルプフィルハーモニー管弦楽団］の首席指揮者をつとめる。
1998–2005　ライプツィヒ・ゲヴァントハウス管弦楽団のカペルマイスター（首席指揮者）をつとめる。
2003　2月8日　妻ワルトロード死去。
2005　バイエルン放送交響楽団にデビュー。
2006　フィルハーモニア管弦楽団（ロンドン）にデビュー。
2011　ウィーン・フィルハーモニーにデビュー。
2005　9月15日　兄ノルマン死去。
二〇〇五年以降、一シーズン八〇回程度の公演をおこなう。
定期的に指揮しているオーケストラは、シュターツカペレ・ドレスデンに加えて、ベルリン・フィルハーモニー、サンフランシスコ交響楽団、ゲヴァントハウス管弦楽団、ウィーン・フィルハーモニー、バンベルク交響楽団、ＮＨＫ交響楽団、ロイヤル・コンセルトヘボウ管弦楽団、バイエルン放送交響楽団、パリ管弦楽団、フィルハーモニア管弦楽団（ロンドン）、ボストン交響楽団、シカゴ交響楽団、クリーヴランド管弦楽団、フィラデルフィア管弦楽団、ニューヨーク・フィルハーモニック、ロサンジェルス・フィルハーモニックなどである。

栄職・顕彰

［名誉指揮者］

1986　NHK交響楽団
1995　サンフランシスコ交響楽団
2005　ライプツィヒ・ゲヴァントハウス管弦楽団
2006　バンベルク交響楽団
2006　ストックホルム・スウェーデン放送交響楽団
2006　コペンハーゲン・デンマーク放送交響楽団
2016　シュターツカペレ・ドレスデン
2016　NHK交響楽団（桂冠名誉指揮者）

［受賞歴］

1965　スウェーデン王立音楽アカデミー会員
1971　スウェーデン王より北極星勲章・騎士を授与される
1978　アンドルーズ大学（米国ミシガン州）より名誉博士号を授与される
1978　デンマーク女王よりダンネブロ勲章・騎士を授与される
1979　リッテリス・エト・アルティブス（スウェーデン王立音楽アカデミー金牌）を授与される
1992　コロンビア大学よりアメリカ音楽功労者のためのディトソン賞を授与される
1993　南西アドヴェンティスト大学（米国テキサス州キーン）より名誉博士号を授与される
1997　パシフィック・ユニオン・カレッジ（米国カリフォルニア州ナパ・ヴァアリー）より名誉博士号を授与される
1998　スウェーデン王立音楽アカデミーより音楽芸術振興牌を授与される

1999 エーテボリ大学より名誉博士号を授与される

2001 ベルティル・エストボ基金（オーストリア、リンツ）よりアントン・ブルックナー賞を授与される

2003 ドイツ連邦共和国大統領ヨハネス・ラウより連邦共和国功労十字大勲章を授与される

2007 アメリカ指揮者協会より、指揮者・教育者としての卓越した成果にたいしマックス・ルードルフ賞を授与される

2007 シュターツカペレ・ドレスデンより名誉顕彰記章を授与される

2008 ザクセン音楽評議会よりヨハネス・ヴァルター記念牌を授与される

2008 カール・ニールセン名誉賞（デンマーク）を授与される

2010 バンベルク交響楽団後援会金顕彰記章を授与される

2011 ライプツィヒ市バッハ牌を授与される

2012 ローマ・リンダ大学（カリフォルニア）よりチャールズ・ウェーニガー賞を授与される

2012 アメリカ・ブルックナー協会より名誉牌を授与される

2016 レオニー・ソニング音楽基金（コペンハーゲン）よりレオニー・ソニング音楽賞を授与される

2016 NHK放送文化賞を授与される

2017 シュレスヴィヒ・ホルシュタイン・ブラームス協会よりブラームス賞を授与される

2018 旭日中綬章を授与される

人名索引

（斜体のページ番号は口絵の写真に登場することを示す）

ア

アイヴズ，チャールズ　Ives, Charles　55
アダムズ，ジョン　Adams, John　54–55
アドルノ，テオドル・W.　Adorno, Theodor W.　173
アナセン，モーヘンス　Andersen, Mogens　126, 127
アーノンクール，ニコラウス　Harnoncourt, Nikolaus　30–31, 163
アブラハム，マックス　Abraham, Max　96
アブレウ，ホセ・アントニオ　Abreu, José Antonio　185
アルゲリッチ，マルタ　Argerich, Martha　44
アルバート，アグネス　Albert, Agnes　52
アレイヘム，ショーレム　Alejchem, Scholem　190–191

イザイ，ウジェーヌ　Ysaÿe, Eugène　101

ヴァルネル，ボー　Wallner, Bo　200
ヴァレーン，オーラフ・ファルテイン　Valen, Olaf Fartein　124
ヴィンチ，レオナルド・ダ　Vinci, Leonardo da　82
ウェーバー，カール・マリア・フォン　Weber, Carl Maria von　17, 22, 27, 28, 38
ヴェルディ，ジュゼッペ　Verdi, Giuseppe　224
ウォーリネン，チャールズ　Wuorinen, Charles　55
ヴュータン，アンリ　Vieuxtemps, Henri　101
ウーリヒ，ディーター　Uhrig, Dieter　26
ウルブリヒ，ルドルフ　Ulbrich, Rudolf　31
ウルブリヒト，ヨアヒム　Ulbricht, Joachim　26
ウルブリヒト，ラインハルト　Ulbricht, Reinhard　38

エリクソン，エリク　Ericson, Eric　101
エルベン，フランク・ミヒャエル　Erben, Frank Michael　54, 70

オストロム，マリーヤ（旧姓ブロムシュテット）　Åström, Maria (geb. Blomstedt)　122
オズワルト，エーファ　Oswalt, Eva　8
オドノポソフ，リカルド　Odnoposoff, Ricardo　26

カ

カイルベルト，ヨーゼフ　Keilberth, Joseph　105
カエターニ，オレグ　Caetani, Oleg　183
カッツァー，ゲオルク　Katzer, Georg　42
カナー＝ローゼンタール，ヘトヴィヒ　Kanner-Rosenthal, Hedwig　84–85
ガーシュイン，ジョージ　Gershwin, George　169

カラヤン，ヘルベルト・フォン　Karajan, Herbert von　28–29
カンテッリ，グィード　Cantelli, Guido　88

ギボンズ，オーランド　Gibbons, Orlando　121
ギブソン，アレグザンダー　Gibson, Alexander　111
ギュルケ，ペーター　Gülke, Peter　41–42
キルケゴール，セーレン　Kierkegaard, Søren　189–190
ギレリス，エミール　Gilels, Emil　*137*
グスターヴ3世（スウェーデン国王）　Gustav III., König von Schweden　195
クーセヴィツキー，セルゲイ　Koussevitzky, Serge　55, 116
クナッパーツブッシュ，ハンス　Knappertsbusch, Hans　64
クライスラー，ゲオルク　Kreisler, Georg　75
クライバー，エーリヒ　Kleiber, Erich　70, 105
クライバー，カルロス　Kleiber, Carlos　28
グリーグ，エドヴァルド　Grieg, Edvard　96, *138, 210*
クリスティーナ（スウェーデン女王）　Kristina (Christina), Königin von Schweden　194
グルーナー，ベルンヴァルト　Gruner, Bernward　22
グレツキ，ヘンリク　Górecki, Henryk　167
クレンペラー，オットー　Klemperer, Otto　115

ケーゲル，ヘルベルト　Kegel, Herbert　25
ケージ，ジョン　Cage, John　7, 107–108, 142
ケンペ，ルドルフ　Kempe, Rudolf　64, 105

コクトー，ジャン　Cocteau, Jean　161
ゴットシャルク，ペール　Gottschalºk, Per　123–124
コープランド，アーロン　Copland, Aaron　55
コンヴィチュニー，フランツ　Konwitschny, Franz　17–18
コンドラシン，キリル　Kondraschin, Kirill　33–34

サ

サヴァリッシュ，ヴォルフガング　Sawallisch, Wolfgang　111
サーバタ，ヴィクトル・デ　Sabata, Victor de　105
サロネン，エサ゠ペッカ　Salonen, Esa-Pekka　129
ザンデルリング，クルト　Sanderling, Kurt　43, *135*
ザンデルリング，バルバラ　Sanderling, Barbara　*135*

シェルヒェン，ヘルマン　Scherchen, Hermann　110
シェーンベルク，アルノルト　Schönberg, Arnold　36, 125, 142, 174
塩川悠子　しおかわ・ゆうこ　166
シフ，サー・アンドラーシュ　Schiff, Sir András　166
シベリウス，ジャン　Sibelius, Jean　16, 35, 55, 80, 103, 172, 173, 174, 176, 202, 203, 205
シャイー，リッカルド　Chailly, Riccardo　66
シャッケ，ロタール　Schacke, Lothar　8, 60

シャルク，フランツ　Schalk, Franz　72
シャルク，ヨゼフ　Schalk, Joseph　72
シュッツ，ハインリヒ　Schütz, Heinrich　17, 127
シュトラウス，リヒャルト　Strauss, Richard　17, 18, 22, 35, 36–37, 109, 159, 199, 200
シュトローベル，ハインリヒ　Strobel, Heinrich　107
シュナイダーハン，ヴォルフガング　Schneiderhan, Wolfgang　*133*
シューベルト，フランツ　Schubert, Franz　16, 103, 160, 225
シューマン，ローベルト　Schumann, Robert　3, 16, 18, 83
シュミット＝イッセルシュテット，ハンス　Schmidt-Isserstedt, Hans　57
シュライアーマッハー，シュテッフェン　Schleiermacher, Steffen　42
シュルツ，アンドレアス　Schulz, Andreas　8, 63
ショスタコーヴィチ，ドミートリー　Schostakowitsch, Dmitri　42–44
ショパン，フレデリック　Chopin, Frederic　83, 84
シリトー，アラン　Sillitoe, Alan　82

スヴェトラーノフ，エフゲニー　Svetlanov, Evgenij　129
スタインバーグ，マイケル　Steinberg, Michael　55, 56
スターリン，ヨシフ・ヴィッサリオノヴィチ　Stalin, Josef Wissarionowitsch　43
ステンハマル，ヴィルヘルム　Stenhammar, Wilhelm　7, 15, 16, 19, 103, 105, 173–174, 177, 188, 197, 198–200, 201, 202–203, 204, 206
ステンハマル，カール＝ヴィルヘルム　Stenhammar, Carl-Wilhelm　15, 188, 197, 198
ストゥールフェルト，マルティン　Sturfält, Martin　188, 197
ストコフスキー，レオポルド　Stokowski, Leopold　67
ストラヴィンスキー，イーゴリ　Strawinsky, Igor　36, 44, 50, 124, 144, 161
ストリンドベリ，アウグスト　Strindberg, August　195
スマチュニー，パウル　Smaczny, Paul　8
スンネゴード，アルネ　Sunnegårdh, Arne　102

ゼルキン，ピーター　Serkin, Peter　22
セッションズ，ロジャー　Sessions, Roger　55

ソニング，カール・ヨハン　Sonning, Carl Johan　50
ソニング，レオニー　Sonning, Léonie　50
ゾーン，ジョン　Zorn, John　55
ゾンダーマン，ペーター　Sondermann, Peter　27, 42

タ

タリス，トマス　Tallis, Thomas　121

チェリビダッケ，セルジュ　Celibidache, Sergiu　128
チャイコフスキー，ピョートル・イリイチ　Tschaikowsky, Pyotr Iljitsch　38, 39–40, 65, 93, 172, 204

ツィマーマン，ウド　Zimmermann, Udo　41, 42

ツォッフ，ユッタ　Zoff, Jutta　31–32

ディアギレフ，セルゲイ　Diagilev, Sergej　110
デイヴィス，サー・コリン　Davis, Sir Colin　22, 31
ティーレマン，クリスティアン　Thielemann, Christian　31, 64
デカルト，ルネ　Descartes, Rene　194
デッサウ，パウル　Dessau, Paul　42
テーリヒェン，ヴェルナー　Thärichen, Werner　148

ドヴォルジャーク，アントニン　Dvořak, Antonin　3
ドゥブチェク，アレクサンデル　Dubček, Alexander　24
トゥルノフスキー，マルティン　Turnovský, Martin　24, 25
トスカニーニ，アルトゥーロ　Toscanini, Arturo　66, 110, 114, 115, 148, 223, 224
ドビュッシー，クロード＝アシル　Debussy, Claude-Achille　38
ドブローエン，イサイ　Dobrowen, Issay　99
トルストイ，レフ　Tolstoi, Lev　179

ナ

ナウマン，ヨハン・ゴットリープ　Naumann, Johann Gottlieb　128

ニキシュ，アルトゥール　Nikisch, Arthur　17, 66, 70
ニジンスキー，ヴァーツラフ　Nijinsky, Vaslav　110
ニールセン，カール　Nielsen, Carl　16, 26, 35, 86, 103, 127, 172, 173, 176–177, 203

ネルソンス，アンドリス　Nelsons, Andris　43

ノイマン，ヴァーツラフ　Neumann, Václav　24–25
ノードクヴィスト，コンラッド　Nordqvist, Conrad　103
ノールヘイム，アルネ　Nordheim, Arne　167

ハ

ハイドン，ヨーゼフ　Haydn, Joseph　16, 17, 70, 106, 121, 172
ハヴェル，ヴァーツラフ　Havel, Václav　160
パガニーニ，ニッコロ　Paganini, Niccoló　180, 216
バージン，リチャード　Burgin, Richard　114
パストレイチ，ピーター　Pastreich, Peter　51, 55
ハッセ，ヨハン・アドルフ　Hasse, Johann Adolf　17
バッハ，ヨハン・ゼバスティアン　Bach, Johann Sebastian　7, 16, 17, 18, 37, 42, 56, 62–63, 100, 101, 106, 111, 120, 121, 153, 166, 180, 210, 211–221
バード，ウィリアム　Byrd, William　121
ハーフスタード，エリザベート（旧姓ブロムシュテット）Hafstad, Elisabet (geb. Blomstedt) 52, 128
パラディス，マリア・テレジア　Paradis, Maria Theresia　87

パール，ジョージ　Perle, George　55
バルトーク，ベーラ　Bartók, Béla　36, 124, 202
バレンボイム，ダニエル　Barenboim, Daniel　66, 111, 147, 225, 162
バーンスタイン，レナード　Bernstein, Leonard　6, 19, 115–116, 117–120

ビーバー，ハインリヒ・イグナツ・フランツ・フォン　Biber, Heinrich Ignaz Franz　von 121
ヒンデミット，パウル　Hindemith, Paul　26, 36, 107, 120

ファーブル，ジャン・アンリ　Fabre, Jean Henri　192
フェルミュース，ラルス　Fermaeus, Lars　15, 85–86, 97, 100, 188, 199, 200
フォス，ルーカス　Foss, Lukas　117
フォルトナー，ヴォルフガング　Fortner, Wolfgang　107
ブクステフーデ，ディートリヒ　Buxtehude, Dieterich　121
ブッシュ，アドルフ　Busch, Adolf　30
ブッシュ，フリッツ　Busch, Fritz　30, 70, 99, 105, 125, 126
プフィッツナー，ハンス　Pfitzner, Hans　116
ブラウン，ゼバスティアン　Braun, Sebastian　222
ブラームス，ヨハネス　Brahms, Johannes　16, 18, 26, 36, 74, 103, 106, 142, 170, 172, 225
フランク，マウリツ　Frank, Maurits　107
フラング，ヴィルデ　Frang, Vilde　166
ブーランジェ，ナディア　Boulanger, Nadja　106–107, 110
ブラント，ヴィリー　Brandt, Willy　125
ブルックナー，アントン　Bruckner, Anton　16, 18, 36, 55, 72, 104, 162, 166, 170, 172, 178, 202
ブルッフ，マックス　Bruch, Max　36
フルトヴェングラー，ヴィルヘルム　Furtwängler, Wilhelm　17, 70, 71, 72, 99, 105, 147–149, 224–225
ブーレーズ，ピエール　Boulez, Pierre　108
フレッシュ，カール　Flesch, Carl　116
フレーデンヘイム，カール　Fredenheim, Carl　195–196
プロコフィエフ，セルゲイ・セルゲーエヴィチ　Prokofjew, Sergei Sergejewitsch　44
フローディング，グスターヴ　Fröding, Gustav　87–88
ブロムシュテット，アドルフ　Blomstedt, Adolf　19, 78, 79–80, 81, 83, 84, 88–90, 98, 99, 106, 122, 123, *131, 171, 193*
ブロムシュテット，アリーダ・アルミンタ（旧姓トールソン）　Blomstedt, Alida Armintha (geb. Thorson)　19, 78, 79, 83–84, 85, 90, 98, 122–123, *131*,
ブロムシュテット，エリザベート　Blomstedt, Elisabet　→ハーフスタード，エリザベート
ブロムシュテット，クリスティーナ　Blomstedt, Kristina　5, 52, 128, 140
ブロムシュテット，セシリア　Blomstedt, Cecilia　122, *132*
ブロムシュテット，ノルマン　Blomstedt, Norman　79, 84, 85, 88, 90, 92, 97, 98, 122, *131*
ブロムシュテット，マリータ　Blomstedt, Marita　*131*
ブロムシュテット，マリーヤ　Åström, Maria　→オストロム，マリーヤ
ブロムシュテット，ワルトロード（旧姓ペーテルセン）　Blomstedt, Waltraud (geb. Petersen) 58, 122, *132*

ベック，ロルフ　Beck, Rolf　57, 60
ベラーマン，ハインリヒ　Bellermann, Heinrich　202–203
ベートーヴェン，ルートヴィヒ・ヴァン　Beethoven, Ludwig van　7, 15, 16, 18, 22, 31, 37, 38, 40, 71, 72, 96, 104, 120, 140, 141, 144, 148, 162, 166, 178, 197, 199, 203, 210, 222, 224, 225, 226, 227, 228, 229, 230
ベーム，カール　Böhm, Karl　23, 64
ベルク，アルバン　Berg, Alban　104
ベルワルド，フランツ　Berwald, Franz　3, 16, 103, 104
ヘンデル，ゲオルク・フリードリヒ　Händel, Georg Friedrich　121

ホイットマン，ウォルト　Whitman, Walt　55
ボンガルツ，ハインツ　Bongartz, Heinz　37
ホッホシルト，ヘンリク　Hochschild, Henrik　54
ボブリコフ，ニコライ　Bobrikov, Nikolai　83
ポリーニ，マウリツィオ　Pollini, Maurizio　*136*
ホルム，アイナ　Holm, Aina　83
ホルム，エーミル　Holm, Emil　126

マ

マイヤー，ザビーネ　Meyer, Sabine　*135*
マズア，クルト　Masur, Kurt　51, 52, 58, 60, 61–62, 63, 70
マットゥス，ジークフリート　Matthus, Siegfried　41
マーラー，グスタフ　Mahler, Gustav　16, 87, 125, 177, 191–192, 228
マール，ジョナサン・デル　Mar, Jonathan del　226, 227
マルケヴィッチ，イーゴリ　Markevitch, Igor　6, 19, 28, 109–113, 117, 141, 146, 147, 148, 183
マルコ，ニコライ　Malko, Nikolai　125, 126
マン，トール　Mann, Tor　6, 19, 103, 104–105, 106, 113, 120, 153, 183
マンヘイメル，エドガル　Mannheimer, Edgar　206

ミクリ，カロル　Mikuli, Karol　84
ミトロプーロス，ディミトリ　Mitropoulos, Dimitri　114
ミュンシュ，シャルル　Munch, Charles　55, 114, 116

ムソルグスキー，モデスト　Mussorgskys, Modest　99
ムック，カール　Muck, Carl　199
ムラヴィンスキー，エフゲニー・アレクサンドロヴィチ　Mrawinski, Jewgeni Alexandrowitsch　39, 93

メシアン，オリヴィエ　Messiaen, Olivier　193
メニューイン，ユーディ　Menuhin, Yehudi　75, *138, 181–182*
メンデルスゾーン・バルトルディ，フェリックス　Mendelssohn Bartholdy, Felix　3, 16, 17, 18, 54, 71, 72, 96, 103, 104, 115, 166, 210, 221, 230, 231

モーツァルト，ヴォルフガング・アマデウス　Mozart, Wolfgang Amadeus　16, 17, 38, 39, 70,

121, 172, 204, 230
モレル，ジャン　Morel, Jean　114

ヤ

ヤナーチェク，レオシュ　Janáček, Leoš　36
ヤノフスキ，マレク　Janowski, Marek　28
ヤンソンス，マリス　Jansons, Mariss　43, 125

ヨアヒム，ヨーゼフ　Joachim, Joseph　101
ヨッフム，オイゲン　Jochum, Eugen　72

ラ

ライネッケ，カール　Reinecke, Carl　17
ラクリン，ジュリアン　Rachlin, Julian　166
ラーゲルローフ，セルマ　Lagerlöf, Selma　87
ランブール兄弟　Gebrüder Limburg　195

リードホルム，イングヴァル　Lidholm, Ingvar　57, 128, 142–144, 175
リヒター，ハンス　Richter, Hans　199
リプシッツ，レオ　Lipschitz, Leo　126–127

ルートヴィヒ，フェリックス　Ludwig, Felix　96, *138, 210*

レーヴェ，フェルディナント　Löwe, Ferdinand　72
レーガー，マックス　Reger, Max　22, 23, 33, 172, 176

ローア，イーナ　Lohr, Ina　106
ローゼンタール，モーリツ　Rosenthal, Moritz　84, 85

ワ

ワーグナー，リヒャルト　Wagner, Richard　17, 22, 27, 28, 70, 71, 73, 119, 144
ワルター，ブルーノ　Walter, Bruno　17, 99, 105, 114
ワールト，エド・デ　Waart, Edo de　54

ディスコグラフィー

アルヴェーン、フーゴー　Alfvén, Hugo
《岩礁の伝説（En skärgårdssägen）》作品 20：サンフランシスコ交響楽団、1977

ヴァイス、マンフレート　Weiss, Manfred
交響曲第 3 番：シュターツカペレ・ドレスデン、1984

ウェーバー、カール・マリア・フォン　Weber, Carl Maria von
《オイリュアンテ序曲（Euryanthe-Ouvertüre）》：シュターツカペレ・ドレスデン、1973
ピアノ協奏曲第 1、2 番：ペーター・レーゼル、シュターツカペレ・ドレスデン、1984
コンチェルトシュトゥック へ短調：ペーター・レーゼル、シュターツカペレ・ドレスデン、1984
クラリネット協奏曲第 1、2 番：ザビーネ・マイヤー、シュターツカペレ・ドレスデン、1985
クラリネットのための小協奏曲：ザビーネ・マイヤー、シュターツカペレ・ドレスデン、1985
《オベロン序曲（Oberon-Ouvertüre）》：シュターツカペレ・ドレスデン、1990

ウォーリネン、チャールズ　Wuorinen, Charles
《金の踊り（The Golden Dance）》：サンフランシスコ交響楽団、1986
ピアノ協奏曲第 3 番：ギャリック・オールソン、サンフランシスコ交響楽団、1987

エリアソン、アンデス　Eliasson, Anders
《放浪者の歌（Canto del Vagabondo）》：スウェーデン放送交響楽団、1980

オルフ、カール　Orff, Carl
《カルミナ・ブラーナ（Carmina Burana）》：リン・ドーソン、ジョン・ダニエツキ、ケヴィン・マクミラン、サンフランシスコ交響合唱団、サンフランシスコ交響楽団、1990

グードゥムンドセン＝ホルムグレーン、ペッレ　Gudmundsen-Holmgreen, Pelle
《クロノス（Chronos）》：デンマーク放送交響楽団、1971

グリーグ、エドヴァルド　Grieg, Edvard
《ペール・ギュント（Peer Gynt）》：タールー・ワリヤッカ、エーディト・トールハウ、シュターツカペレ・ドレスデン、1977
《ペール・ギュント》：ウルバン・メルムベール、マリ・アンネ＝ハガンダ、サンフランシスコ交響楽団、1988
《ペール・ギュント》組曲 1、同 2：サンフランシスコ交響楽団、1988
ピアノ協奏曲：オッリ・ムストネン、サンフランシスコ交響楽団、1994

クワンダール、ヨハン　Kvandal, Johan
《交響的叙事詩（Symfonisk Epos）》：オスロ・フィルハーモニー管弦楽団、1968

サンドストロム、スウェン＝ダーウィッド　Sandström, Sven-David
《管弦楽のための集大成（Culminations for Orchestra）》：スウェーデン放送交響楽団、1979
《荘厳ミサ曲（The High Mass）》：クラウディア・バラインスキ、シリ・トールィエセン、サラ・オルソン、マレーナ・エルンマン、リリ・パーシキヴィ、中部ドイツ合唱団、ゲヴァントハウス管弦楽団、2003

シベリウス、ジャン　Sibelius, Jean
《タピオラ（Tapiola）》：サンフランシスコ交響楽団、1991
《悲しきワルツ（Valse triste）》：サンフランシスコ交響楽団、1991
《トゥオネラの白鳥（The Swan of Tuonela）》作品22-2：シカゴ交響楽団、1991
交響曲第1–6番：サンフランシスコ交響楽団、1991–1995

シュトラウス・リヒャルト　Strauss, Richard
《アルプス交響曲（Alpensinfonie）》：サンフランシスコ交響楽団、1988
《ツァラトゥストラはかく語りき（Also sprach Zarathustra）》：サンフランシスコ交響楽団、1995
《ツァラトゥストラはかく語りき》：シュターツカペレ・ドレスデン、1987
《ドン・フアン（Don Juan）》：シュターツカペレ・ドレスデン、1978
《ドン・フアン》：サンフランシスコ交響楽団、1988
《英雄の生涯（Ein Heldenleben）》：シュターツカペレ・ドレスデン、1984
《英雄の生涯》：サンフランシスコ交響楽団、1992
23のソロ弦楽器のための《メタモルフォーゼン（Metamorphosen）》：シュターツカペレ・ドレスデン、1989
23のソロ弦楽器のための《メタモルフォーゼン》：サンフランシスコ交響楽団、1992
《ティル・オイレンシュピーゲル（Till Eulenspiegel）》：シュターツカペレ・ドレスデン、1989
《ティル・オイレンシュピーゲル》：サンフランシスコ交響楽団、1994
《死と変容（Tod und Verklärung）》：シュターツカペレ・ドレスデン、1989
《死と変容》：サンフランシスコ交響楽団、1994
ピアノと管弦楽のための《ブルレスケ（Burleske）》：ジャン＝イヴ・ティボーデ、ゲヴァントハウス管弦楽団、2003
《ばらの騎士 ワルツ集（Rosenkavalier, Walzerfolgen）》1、2：ゲヴァントハウス管弦楽団、1996
《4つの最後の歌（Vier letzte Lieder）》：フェリシティ・ロット：ゲヴァントハウス管弦楽団、1996（非公開）

シューベルト・フランツ　Schubert, Franz
《イタリア風序曲（Ouvertüre im italienischen Stil）》ハ長調：サンフランシスコ交響楽団、1992
交響曲全集：シュターツカペレ・ドレスデン 1978–1981
交響曲第5番 変ロ長調：サンフランシスコ交響楽団、1990
交響曲第7番 ロ短調《未完成（Unvollendete）》：サンフランシスコ交響楽団、1990
交響曲第7番 ロ短調《未完成》：デンマーク放送交響楽団、2007（コペンハーゲン、ロスキル聖堂にて。DVD）
交響曲8番《グレイト（Große C-Dur）》ハ長調：サンフランシスコ交響楽団、1991

シュポーア、ルイ　Spohr, Louis
弦楽四重奏と管弦楽のための協奏曲：ゲヴァントハウス弦楽四重奏団、ゲヴァントハウス

管弦楽団、2005

シューマン、ローベルト　Schumann, Robert
4本のホルンと大オーケストラのための協奏曲：ペーター・ダム、ディーター・パンツァ、クラウス・ピェツォンカ、ヨハネス・フリメル、シュターツカペレ・ドレスデン、1981

ショパン、フレデリック　Chopin, Frédéric
ピアノ協奏曲第1番：オッリ・ムストネン、サンフランシスコ交響楽団、1994

ステンハマル、ヴィルヘルム　Stenhammar, Wilhelm
組曲《キトラ》：スウェーデン放送交響楽団、1966
交響的カンタータ《ダス・リート（歌曲）》より間奏曲：スウェーデン放送交響楽団、1966
交響的カンタータ《ダス・リート（歌曲）》：イーワ・ソーレンソン、アンネ・ゾフィー・フォン・オッター、シュテファン・ダールベール、ペール＝アーネ・ワールグレン、スウェーデン放送合唱団、スウェーデン室内合唱団、アドルフ＝フレードリク児童合唱団、スウェーデン放送交響楽団、1982

ストラヴィンスキー、イーゴリ　Strawinsky, Igor
《春の祭典（Le Sacre du Printemps）》：スウェーデン放送交響楽団、1964

セッションズ、ロジャー　Sessions, Roger
交響曲第2番：サンフランシスコ交響楽団、1993

ドヴォルジャーク、アントニン　Dvořák, Antonin
交響曲第8番：シュターツカペレ・ドレスデン、1974
交響曲第8番：イスラエル・フィルハーモニー管弦楽団、2005

ナウマン、ヨハン・ゴットリープ　Naumann, Johann Gottlieb
合唱と管弦楽のための《テ・デウム（Te Deum）》：シュターツカペレ・ドレスデン、1980

ニールセン、カール　Nielsen, Carl
フルート協奏曲：フランツ・レムザー、デンマーク放送交響楽団、1975
クラリネット協奏曲：ケイル＝インゲ・ステヴェンソン、デンマーク放送交響楽団、1975
《7つの小品（Sieben kürzere Werke）》、《アンダンテ・ラメントーソ（Andante lamentoso）》、狂詩曲風序曲《フェロー諸島への幻想旅行（En fantasirejse til Færøerne）》、《ボヘミア＝デンマーク民謡》、《ヘリオス（Helios）》、《協奏序曲（Konzertouvertüre）》作品17、交響詩《パンとシリンクス（Pan & Syrinx）》、交響詩《サガの夢（Saga-Drøm）》、《協奏的狂詩曲（Symfonisk rapsodi）》：デンマーク放送交響楽団、1975
組曲《アラディン（Aladdin）》：サンフランシスコ交響楽団、1989
交響曲第1–6番：デンマーク放送交響楽団、1973–1974
交響曲第1–6番：サンフランシスコ交響楽団、1987–1989
交響曲第5番：ゲヴァントハウス管弦楽団、2000

ノードヘイム、アーネ　Nordheim, Arne
《管弦楽のための歌曲（Canzona per orchestra）》：オスロ・フィルハーモニー管弦楽団、1967

ソプラノ、合唱、管弦楽のための《イーコー（Eco）》：タールー・ヴァルヤッカ、スウェーデン放送交響楽団、1968

ノルゴード、ペール　Nørgård, Per
管弦楽のための《ルナ（Luna）》：デンマーク放送交響楽団、1968
管弦楽のための《イリース（Iris）》：デンマーク放送交響楽団、1973

ノールダール、ヨーン　Nordal, Jón
フルートと弦楽合奏のためのアダージョ：ボーリエ・モーレリウス、スウェーデン放送交響楽団、1968

ノルホルム、イブ　Nørholm, Ib
ヴァイオリン協奏曲：レオ・ハンセン、デンマーク放送交響楽団、1975

バッハ、ヨハン・ゼバスティアン　Bach, Johann Sebastian
ミサ曲 ロ短調から〈われらに平和を与えたまえ（Dona nobis pacem）〉：ゲヴァントハウス管弦楽団、1999
ミサ曲 ロ短調：ルート・ツィーザク、アナ・ラーション、クリストフ・ゲンツ、ディートリヒ・ヘンシェル、ゲヴァントハウス管弦楽団、ゲヴァントハウス室内合唱団、聖トーマス教会、2005年5月8日（DVD）
ミサ曲 ロ短調：クリスティーナ・ランツハーマー、エリーザベト・クールマン、ヴォルフラム・ラトケ、ルカ・ピサローニ、ゲヴァントハウス管弦楽団、ドレスデン室内合唱団、聖トーマス教会、2017年6月18日（DVD／BD）

バルトーク、ベーラ　Bartók, Béla
《管弦楽のための協奏曲（Concerto for Orchestra）》：サンフランシスコ交響楽団、1993
《コシュート（Kossuth）》：サンフランシスコ交響楽団、1993

ハルビソン、ヨン　Harbison, John
オーボエ協奏曲：サンフランシスコ交響楽団、1993
交響曲第2番：サンフランシスコ交響楽団、1993

ヒラー、ヨハン・アダム　Hiller, Johann Adam
《「狩」への前奏曲（Ouvertüre zu »Die Jagd«）》：ゲヴァントハウス管弦楽団、1999

ヒンデミット、パウル　Hindemith, Paul
ヴィオラ協奏曲《白鳥を焼く男（Der Schwanendreher）》：ゲラルディーネ・ヴァルター、ゲヴァントハウス管弦楽団、1991
《弦楽器と金管楽器のための協奏音楽（Konzertmusik für Streicher und Blechbläser）》：サンフランシスコ交響楽団、1991
交響曲《画家マティス（Mathis der Maler）》：サンフランシスコ交響楽団、1987
組曲《ノブレッシマ・ヴィジオーネ（Nobilissima visione）》：サンフランシスコ交響楽団、1989
交響曲《世界の調和（Nobilissima visione）》：ゲヴァントハウス管弦楽団、1996
《シンフォニア・セレーナ（Sinfonia serena）》：ゲヴァントハウス管弦楽団、1997

《交響的変容（Symphonische Metamorphosen）》：サンフランシスコ交響楽団、1987
《ヴィオラと弦楽合奏ののための葬送音楽（Trauermusik für Viola und Streicher）》：ゲラルディーネ・ヴァルター、サンフランシスコ交響楽団、1987

ブラームス、ヨハネス　Brahms, Johannes
《アルト＝ラプソディ（Alt-Rhapsodie）》《埋葬の唄（Begräbnisgesang）》《運命の女神の歌（Gesang der Parzen）》《悲歌（Nänie）》《運命の歌（Schicksalslied）》：ヤールド・ヴァン・ネス、サンフランシスコ交響合唱団、サンフランシスコ交響楽団、1989
《ドイツ・レクイエム（Ein deutsches Requiem）》：エリザベート・ノルベルク＝シュルツ、ヴォルフガング・ホルツマイアー：サンフランシスコ交響楽団、1993
《3つのモテット（Drei Motetten）》作品110、《祭典と記念の格言（Fest- und Gedenksprüche）》作品109、《2つのモテット（Zwei Motetten）》作品74より〈いかなれば（Warum?）〉：中部ドイツ放送合唱団、1996
交響曲第1番：シュターツカペレ・ドレスデン、1991
交響曲第2番：NHK交響楽団、1985
交響曲第2番：ゲヴァントハウス管弦楽団、2000
交響曲第4番：ゲヴァントハウス管弦楽団、1996
交響曲第4番：アムステルダム・ロイヤル・コンセルトヘボウ管弦楽団、2007

ブルックナー、アントン　Bruckner, Anton
《弦楽器のためのアダージョ（Adagio für Streicher）》（弦楽五重奏からの編曲）：ゲヴァントハウス管弦楽団、1997
交響曲全集：ゲヴァントハウス管弦楽団、2005–2012
交響曲第3番（1873年稿）：ゲヴァントハウス管弦楽団、1998
交響曲第4番（ノヴァーク版）：シュターツカペレ・ドレスデン、1981
交響曲第4番（ノヴァーク版）：NHK交響楽団、1985
交響曲第4番（ノヴァーク版）：サンフランシスコ交響楽団、1993
交響曲第6番（ノヴァーク版）：サンフランシスコ交響楽団、1990
交響曲第7番（ノヴァーク版）：シュターツカペレ・ドレスデン、1980
交響曲第7番（ノヴァーク版）：デンマーク放送交響楽団、2007（デンマーク、ロスキ聖堂にて。DVD／BD）
交響曲第7番：ウィーン・フィルハーモニー、2017
交響曲第9番（ノヴァーク版）：ゲヴァントハウス管弦楽団、1995

ベック、スウェン＝エリーク　Bäck, Sven-Erik
《室内交響曲（Sinfonia da camera）》：スウェーデン放送交響楽団、1956
カンタータ《海の果てに（Vid havets yttersta gräns）》：スウェーデン放送交響楽団、1979

ペッテルソン、アラン　Petterson, Allan
ヴァイオリン協奏曲第2番：イーダ・ヘンデル、スウェーデン放送交響楽団、1980

ベートーヴェン、ルートヴィヒ・ヴァン　Beethoven, Ludwig van
《レオノーレ（Leonore）》全曲版：エッダ・モーザー、リチャード・キャッシリほか、シュターツカペレ・ドレスデン、1976
《ミサ・ソレムニス（Missa solemnis）》：ゲヴァントハウス管弦楽団、2012

交響曲全集：シュターツカペレ・ドレスデン、1975–1980
交響曲全集：ゲヴァントハウス管弦楽団、2014–2017
交響曲第 1 番、第 3 番：サンフランシスコ交響楽団、1990
交響曲第 5 番：ゲヴァントハウス管弦楽団、1999 年 10 月 9 日、ニコライ教会にて
交響曲第 5 番：ゲヴァントハウス管弦楽団、2000
交響曲第 4 番：ゲヴァントハウス管弦楽団、タングルウッド・ミュージック・センター管弦楽団、2006
交響曲第 9 番：ゲヴァントハウス管弦楽団、1985（ドレスデン、ゼンパー歌劇場柿落し公演）

ヘフディング、フィン　Høffding, Finn
交響幻想曲《それは誠である（Det er ganske vist）》：デンマーク放送交響楽団、1970

ベルク、アルバン　Berg, Alban
《6 つの初期の歌（Sieben frühe Lieder）》：カリ・レヴァース、ハンブルク北ドイツ放送交響楽団、1970

ベルリオーズ・エクトル　Berlioz, Hector
《幻想交響曲（Symphonie fantastique）》：シュターツカペレ・ドレスデン、1978

ベルワルド、フランツ　Berwald, Franz
《サンフォニー・サンギュリエール（風変わりな交響曲 Sinfonie singulière）》：スウェーデン放送交響楽団、1977
交響曲第 1 番、第 4 番：サンフランシスコ交響楽団、1992–1992

ボルプ＝ヨルアンセン、アクセル　Borup-Jørgensen, Axel
《マーリン（海 Marin）》：デンマーク放送交響楽団、1976

マットゥス、ジークフリート　Matthus, Siegfried
ピアノ協奏曲：アンネローゼ・シュミット、シュターツカペレ・ドレスデン、1974
管弦楽のための協奏曲《レスポンソ（返答 Responso）》：ゲヴァントハウス管弦楽団、2004

マーラー、グスタフ　Mahler, Gustav
交響曲第 2 番《復活（Auferstehung）》：サンフランシスコ交響楽団、1992
交響曲第 5 番：NHK 交響楽団、1985

メンデルスゾーン・バルトルディ、フェリックス　Mendelssohn Bartholdy, Felix
オラトリオ《エリア（Elias）》：シビッラ・ルーベンス、ナタリー・シュトゥッツマン、ジェイムズ・テイラー、クリスティアン・ゲルハーアー、ゲヴァントハウス合唱団、ゲヴァントハウス管弦楽団、2003
ピアノ協奏曲第 1、2 番：ジャン＝イヴ・ティボーデ、ゲヴァントハウス管弦楽団、1997
ピアノ協奏曲第 2 番：ベルント・グレムザー、ゲヴァントハウス管弦楽団、2004
序曲《ルイ・ブラス（Ruys Blas）》：ゲヴァントハウス管弦楽団、2004
交響曲第 3 番《スコットランド（Schottische）》：サンフランシスコ交響楽団、1991
交響曲第 3 番《スコットランド》：ゲヴァントハウス管弦楽団、2004
交響曲第 4 番《イタリア（Italienische）》：サンフランシスコ交響楽団、1989

モーツァルト、ヴォルフガング・アマデウス　Mozart, Wolfgang Amadeus

弦楽合奏のためのアダージョとフーガ（Adagio und Fuge für Streicher）ハ短調 KV546：シュターツカペレ・ドレスデン、1977

ディヴェルティメント ニ長調 KV136、同 変ロ長調 KV137、同 ヘ長調 KV138：シュターツカペレ・ドレスデン

フルート協奏曲第 1 番 ト長調 KV313、同第 2 番 ニ長調 KV314、フルートのためのアンダンテ KV315：ヨハネス・ヴァルター、シュターツカペレ・ドレスデン、1973

ホルン協奏曲第 1 番 ニ長調 KV412、同第 2 番 変ホ長調 KV417、同第 3 番 変ホ長調 KV447、同第 4 番 変ホ長調 KV495、ホルンのためのロンド KV371：ペーター・ダム、シュターツカペレ・ドレスデン、1974

オーボエ協奏曲、ハ長調 KV314：クルト・マーン、シュターツカペレ・ドレスデン、1973

《ソプラノのための 4 つのコンサート・アリア（Vier Konzertarien für Sopran)》：〈やさしい春はもうにこやかに笑いかけ（Schon lacht der holde Frühling)〉KV580、〈テッサリアの民よ（Popoli di Tessaglia)〉KV316、〈ああ、私は前からそのことを知っていた（Ah, lo previdi)〉KV272、〈わがあこがれの希望よ（Mia speranza adorata)〉KV416：エッダ・モーザー、シュターツカペレ・ドレスデン、1978

《ソプラノのための 7 つのコンサート・アリア（Sieben Konzertarien für Sopran)》：〈だが、おまえたちに何をしたのか――岸辺は近いと望んでいた（Ma che vi fece ― Sprai vicino il lido)〉KV368、〈あなたは律儀な心の持ち主（Voi avete un cor fidele)〉KV217、〈いいえ、あなたにはできません（No, no, che non sei capace)〉KV419、〈ああ、情け深い星々よ、もし天にあって（Ah, se in ciel)〉KV538、〈誰が知っているでしょう、いとしい人の苦しみを（Chi sà, chi sà)〉KV582、〈この胸に――天があなたを私を返してくださる今（A questo ― Or che il cielo)〉KV374、〈私はなんと不幸なのだ――哀れな幼子（Misero me ― Misero pargoletto)〉KV77：ジャネッテ・スコヴォッティ、シュターツカペレ・ドレスデン、1979

《テノールのための 8 つのコンサート・アリア（Acht Konzertarien für Tenor)》：〈行け、怒りに駆られて（Va, dar furor portata)〉KV21–19c、〈つとめがわれを強いるいまこそ（Tali e cotanti sono)〉KV36–33i、〈従いかしこみて（Con ossequio, con rispetto)〉KV210、〈いとしい花嫁クラリーチェ（Clarice, cara mia sposa)〉KV256、〈もし私の唇を信じないなら／苦しい心（Se al labbro mio non credi / Il cor dolente)〉KV295、〈どうか詮索しないでください（Par pietà, non ricercate)〉KV420、〈哀れな男よ、夢なのか――あたり吹くそよ風よ（Misero! o sogno! / Aura, che intorno)〉KV431–425b：ペーター・シュライアー、シュターツカペレ・ドレスデン、1980

《ソプラノのための 5 つのコンサート・アリア（Fünf Konzertarien für Sopran)》：〈ベレニーチェに――昇る日の（A Berenice / Sol nascente)〉KV70、〈私は小心な恋人の愛など気にかけぬ（Non curo l'affetto)〉KV74b、〈多くの苦悩によって激しい息切れとときめきのうち（Fra conto affanni)〉KV88、〈アルカンドロよ、私はそれを告白する（Alcandro, lo confesso)〉KV294、〈私はあなたに明かしたい（Vorrei spiegarvi)〉KV418：ジャネッテ・スコヴォッティ、シュターツカペレ・ドレスデン、1981

《ソプラノのための 2 つのコンサート・アリア（Zwei Konzertarien für Sopran)》：〈哀れな私よ、ここはどこ（Misera, dove sono)〉KV369、〈私のいとしい恋人（Bella mia fiamma)〉、エッダ・モーザー、シュターツカペレ・ドレスデン、1982

交響曲第第 35 番《ハフナー（Haffner)》KV385：イスラエル・フィルハーモニー管弦楽

団、2005
交響曲第第 38 番《プラハ（Prager）》KV504：シュターツカペレ・ドレスデン、1973
交響曲第第 38 番《プラハ》KV504：シュターツカペレ・ドレスデン、1982
交響曲第第 39 番変ホ長調 KV543：シュターツカペレ・ドレスデン、1982
交響曲第第 40 番ト短調 KV550：シュターツカペレ・ドレスデン、1981
交響曲第第 40 番ト短調 KV550：バイエルン放送交響楽団、2018
交響曲第第 41 番 KV551《ジュピター（Jupiter）》：シュターツカペレ・ドレスデン、1981
交響曲第第 41 番 KV551《ジュピター》：バイエルン放送交響楽団、2018

ラウタヴァーラ、エイノユハニ　Rautavaara, Einojuhani
チェロ協奏曲第 1 番 作品 41：ヤーノシュ・シュタルケル、南西ドイツ放送交響楽団、1975

リードホルム、イングヴァル：
《弦楽オーケストラのための歌曲（Drei Gesänge mit Streichorchester）》：マルゴット・ロディーン、サンフランシスコ交響楽団、1967
《コンタキオン（Kontakion）》：ゲヴァントハウス管弦楽団、2003
《ポエシス（Poesis）》：ロイヤル・ストックホルム交響楽団、1964
《管弦楽のためのリトルネッロ（Ritornell för orkester）》：サンフランシスコ交響楽団、1978
ソプラノと管弦楽のための《詩人の夜（Skaldens Natt）》：イーワ・ソーレンセン、スウェーデン放送合唱団、スウェーデン室内合唱団、スウェーデン放送交響楽団
《トッカータと歌曲（Toccata e Canto）》：ロイヤル・ストックホルム交響楽団、1966

リードマン、カーリー　Rydman, Kari
《現代的交響曲（Symphony of the Modern World）》：スウェーデン放送交響楽団、1968

ルーセンベリ、ヒルディング　Rosenberg, Hilding
交響曲第 2 番《シンフォニア・グラーヴェ（Sinfonia Grave）》：1964
交響曲第 3 番《4 つの年代（De fyra tidsåldrarna）》：ロイヤル・ストックホルム交響楽団、1966
交響曲第 4 番《ヨハネの啓示（Johannes Uppenbarelse）》：エーリク・セデーン、スウェーデン放送交響楽団、1966

ルーマン、ヨハン・ヘルミク　Roman, Johan Helmich
交響曲第 20 番 ホ短調：スウェーデン放送交響楽団、1979

レーガー、マックス　Reger, Max
ヴァイオリン協奏曲 作品 101：マンフレート・シェルツァー、シュターツカペレ・ドレスデン、1981
《モーツァルトの主題による変奏曲（Mozart-Variationen）》作品 132：シュターツカペレ・ドレスデン
《ヒラーの主題による変奏曲（Hiller-Variationen）》作品 100：ゲヴァントハウス管弦楽団

ワーグナー、リヒャルト　Wagner, Richard
《ジークフリート牧歌（Siegfried-Idyll）》：サンフランシスコ交響楽団、1991

ヘルベルト・ブロムシュテット（Herbert Blomstedt）

一九二七年、スウェーデン人の両親のもとに米国マサチューセッツ州スプリングフィールドで生まれる。父は牧師、母はピアニスト。二歳でスウェーデンに戻るも、父の転勤によりフィンランド、スウェーデンの各地を転々とする。同級生よりも二年早く一七歳で高校卒業試験に合格し、ストックホルム王立音楽院に進学。専攻は音楽教育、オルガン、合唱指揮であった。その後指揮をＴ・マンのクラスで学びつつ、奨学金を得てザルツブルクでＩ・マルケヴィッチの指揮クラスにも三度参加。さらにウプサラ大学で音楽学、心理学、宗教学を専攻。その後再度アメリカに渡り、Ｌ・バーンスタインの薫陶を受ける。スウェーデン中東部ノーシェピンの交響楽団を皮切りに、オスロ・フィルハーモニー管弦楽団、デンマーク放送交響楽団、スウェーデン放送交響楽団の首席指揮者を歴任。コペンハーゲン時代にシュターツカペレ・ドレスデンの首席指揮者を兼任し、その後サンフランシスコ交響楽団、ハンブルク北ドイツ放送交響楽団（現ＮＤＲエルプフィルハーモニー管弦楽団）、ライプツィヒ・ゲヴァントハウス管弦楽団で首席指揮者や音楽監督をつとめた。二〇〇五年以降はフリーの指揮者として世界最高峰のオーケストラのかずかずに客演。日本でもＮＨＫ交響楽団の桂冠名誉指揮者として毎年来日公演をおこなっている。

ユリア・スピノーラ（Julia Spinola）

ミュンヘン生まれの音楽学者、音楽ジャーナリスト。高校卒業後、演劇を三年間学んだあと、音楽学、言語学、哲学、社会学を専攻。二〇〇〇〜一三年『フランクフルター・アルゲマイネ・ツァイトゥング』紙の音楽編集者をつとめたのち、一三年以降はフリーの音楽評論家として『南ドイツ新聞』『新チューリヒ新聞』、ドイチュラントフンク（ドイツ放送）を中心に活動している。著書に『現代の大指揮者（Die großen Dirigenten unserer Zeit）』（二〇〇五）、『マリス・ヤンソンス　無条件の響き（Mariss Jansons, Der Klang des Unbedingten）』（二〇〇七）などがある。

力武京子（りきたけ・きょうこ）

大阪大学大学院言語文化研究科准教授。一九五七年神戸市生まれ（旧姓塩川）。東京外国語大学ドイツ語学科、同大学院ゲルマン系言語専攻でドイツ語・ドイツ文学を専攻。在学中マールブルク大学に留学し、ドイツ語学と音楽学を学んだ。専門は外国語教育、とくにＩＴ技術を活用した外国語学習について。論文に「外国語学習のＩＣＴ活用とアクティブラーニングの実現に向けて」「身近なICTツールによる協働協調学習とすきま学習の試み――iPadとスマートフォンを使用した2年生の授業の例」（以上大阪大学言語文化共同研究プロジェクト）など。翻訳にJ・ゼルケ『女たちは書く――ドイツ・オーストリア・スイス現代女性作家の素顔』（共訳、三修社、一九九一）、C・フローロス「アルバン・ベルクの室内協奏曲の秘められたプログラム――意味論的分析」（日本アルバン・ベルク協会編『ベルク年報（2）』所収、一九八八）などがある。

樋口隆一（ひぐち・りゅういち）

一九四六年東京生まれ。音楽学者・指揮者。明治学院大学名誉教授。DAAD友の会会長。音楽三田会会長。慶應義塾大学文学部哲学科美学美術史学専攻卒、同大学院博士課程在学中にドイツ学術交流会（DAAD）奨学生としてドイツ留学。テュービンゲン大学でG・フォン・ダーデルセン、U・ジーゲレに師事。一九七九年、バッハのカンタータにかんする研究（『新バッハ全集』I／34）で同大学哲学博士。A・スムスキーに指揮法を師事し、シュトゥットガルト聖母マリア教会で合唱指揮者をつとめた。帰国後、音楽学者、指揮者、評論家として多彩な活動を展開。二〇〇〇年、明治学院バッハ・アカデミーを設立し、芸術監督に就任。二〇〇六年、ライプツィヒ国際バッハ音楽祭に出演したほか、一三年にはベルリン・コンツェルトハウスにて山田耕筰《秋の宴》、高田三郎《水のいのち》をドイツ初演。著書に『バッハの人生とカンタータ』『バッハ探究』『バッハから広がる世界』（以上春秋社）、『バッハ』（新潮文庫）、『バッハ　カンタータ研究』（音楽之友社）、『バッハの風景』（小学館）ほか、CDにバッハ《マタイ受難曲》《ヨハネ受難曲》、ベートーヴェン交響曲第九番、《ミサ・ソレムニス》ほか多数。一九八八年、京都音楽賞研究評論部門賞、八九年、辻荘一賞、二〇〇二年、オーストリア学術芸術功労十字章、一五年、テオドル・ベルヒェム賞を授与された。二〇〇七〜一二年、国際音楽学会日本代表理事、一二〜一七年、同副会長。二〇一七年、第二〇回国際音楽学会東京大会組織副委員長・プログラム委員長（二〇一八年、日本政府観光局国際会議誘致・開催貢献賞受賞）。

左から樋口隆一、力武京子、ヘルベルト・ブロムシュテット
(2018 年 4 月)

ヘルベルト・ブロムシュテット自伝《じでん》
音楽《おんがく》こそわが天命《てんめい》

二〇一八年一〇月三一日　初版第一刷発行
二〇二三年一〇月一〇日　初版第三刷発行

著者　ヘルベルト・ブロムシュテット
聞き手　ユリア・スピノーラ
訳者　力武京子《りきたけきょうこ》
日本語版監修者　樋口隆一《ひぐちりゅういち》
発行者　鈴木 茂・木村 元
発行所　株式会社アルテスパブリッシング
東京都世田谷区代沢五-一六-二三-三〇三
〒一五五-〇〇三二
電話　〇三-六八〇五-二八八六
ファックス　〇三-三四一一-七九二七
info@artespublishing.com
印刷・製本　モリモト印刷株式会社
ブックデザイン　中島 浩
ISBN978-4-86559-192-7　C1073　Printed in Japan
https://artespublishing.com